国家出版基金项目
NATIONAL PUBLICATION FOUNDATION

● 生态文明法律制度建设研究丛书

管理与变革：
生态文明视野下矿业用地法律制度研究

GUANLI YU BIANGE
SHENGTAI WENMING SHIYE XIA KUANGYE YONGDI
FALU ZHIDU YANJIU

任洪涛 ● 著

重庆大学出版社

图书在版编目（CIP）数据

管理与变革：生态文明视野下矿业用地法律制度研
究 / 任洪涛著. --重庆：重庆大学出版社，2023.3
（生态文明法律制度建设研究丛书）
ISBN 978-7-5689-3802-0

Ⅰ.①管…　Ⅱ.①任…　Ⅲ.①矿业—工业用地—土地
管理法—研究—中国　Ⅳ.①D922.364

中国国家版本馆CIP数据核字（2023）第057687号

管理与变革：生态文明视野下矿业用地法律制度研究

任洪涛　著

策划编辑：孙英姿　张慧梓　许　璐
责任编辑：张红梅　　版式设计：许　璐
责任校对：邹　忌　　责任印制：张　策

*

重庆大学出版社出版发行
出版人：饶帮华
社址：重庆市沙坪坝区大学城西路 21 号
邮编：401331
电话：（023）88617190　88617185（中小学）
传真：（023）88617186　88617166
网址：http://www.cqup.com.cn
邮箱：fxk@cqup.com.cn（营销中心）
全国新华书店经销
重庆升光电力印务有限公司印刷

*

开本：720mm×960mm　1/16　印张：14　字数：201 千
2023 年 3 月第 1 版　　2023 年 3 月第 1 次印刷
ISBN 978-7-5689-3802-0　定价：78.00 元

丛书编委会

主　任：黄锡生

副主任：史玉成　　施志源　　落志筠

委　员（按姓氏拼音排序）：

邓　禾　　邓可祝　　龚　微　　关　慧

韩英夫　　何　江　　卢　锟　　任洪涛

宋志琼　　谢　玲　　叶　轶　　曾彩琳

张天泽　　张真源　　周海华

作者简介

　　任洪涛，1984 年生，男，陕西韩城人，环境与资源保护法学博士。现任海南大学法学院副教授，博士研究生导师，海南大学生态文明法治研究中心秘书长，兼任中国自然资源学会资源法学专业委员会常务委员、副秘书长，中国太平洋学会自然资源法学研究分会常务理事，海南省法学会环境资源法学研究会常务理事，海南省司法厅政府规章规范性文件备案审查专家，海南省三亚市人民代表大会常务委员会咨询专家，海南海大平正律师事务所律师。主要研究领域为环境法、资源法、海洋法，先后在《法学杂志》《中国政法大学学报》《西南政法大学学报》《甘肃政法学院学报》《河北法学》等刊物发表法学论文 30 多篇，出版专著、教材 4 部，主持国家社科基金项目、司法部项目、省级项目等 10 多项。

总　序

　　"生态兴则文明兴，生态衰则文明衰。"良好的生态环境是人类生存和发展的基础。《联合国人类环境会议宣言》中写道："环境给予人以维持生存的东西，并给他提供了在智力、道德、社会和精神等方面获得发展的机会。"一部人类文明的发展史，就是一部人与自然的关系史。细数人类历史上的四大古文明，无一不发源于水量丰沛、沃野千里、生态良好的地区。生态可载文明之舟，亦可覆舟。随着发源地环境的恶化，几大古文明几近消失。恩格斯在《自然辩证法》中曾有描述："美索不达米亚、希腊、小亚细亚以及其他各地的居民，为了得到耕地，毁灭了森林，但是他们做梦也想不到，这些地方今天竟因此成了不毛之地。"过度放牧、过度伐木、过度垦荒和盲目灌溉等，让植被锐减、洪水泛滥、河渠淤塞、气候失调、土地沙化……生态惨遭破坏，它所支持的生活和生产也难以为继，并最终导致文明的衰落或中心的转移。

　　作为唯一从未间断传承下来的古文明，中华文明始终关心人与自然的关系。早在5000多年前，伟大的中华民族就已经进入了农耕文明时代。长期的农耕文化所形成的天人合一、相生相克、阴阳五行等观念包含着丰富的生态文明思想。儒家形成了以仁爱为核心的人与自然和谐发展的思想体系，主要表现为和谐共生的顺应生态思想、仁民爱物的保护生态思想、取物有节的尊重生态思想。道家以"道法自然"的生态观为核心，强调万物平等的公平观和自然无为的行为观，认为道是世间万物的本源，人也由道产生，是自然的组成部分。墨家在长期的发展中形成"兼相爱，交相利""天志""爱无差等"的生态思想，对当代我们共同努力探寻的环境危机解决方案具有较高的实用价值。正是古贤的智慧，让中华民族形成了"敬畏自然、行有所止"的自然观，使中华民族能够生生不息、繁荣壮大。

中华人民共和国成立以来，党中央历代领导集体从我国的实际国情出发，深刻把握人类社会发展规律，持续关注人与自然关系，着眼于不同历史时期社会主要矛盾的发展变化，总结我国发展实践，从提出"对自然不能只讲索取不讲投入、只讲利用不讲建设"到认识到"人与自然和谐相处"，从"协调发展"到"可持续发展"，从"科学发展观"到"新发展理念"和坚持"绿色发展"，都表明我国环境保护和生态文明建设作为一种执政理念和实践形态，贯穿于中国共产党带领全国各族人民实现全面建成小康社会的奋斗目标过程中，贯穿于实现中华民族伟大复兴的中国梦的历史愿景中。党的十八大以来，以习近平同志为核心的党中央高度重视生态文明建设，把推进生态文明建设纳入国家发展大计，并提出美丽中国建设的目标。习近平总书记在党的十九大报告中，就生态文明建设提出新论断，坚持人与自然和谐共生成为新时代坚持和发展中国特色社会主义基本方略的重要组成部分，并专门用一部分内容论述"加快生态文明体制改革，建设美丽中国"。习近平总书记就生态文明建设提出的一系列新理念新思想新战略，深刻回答了为什么建设生态文明、建设什么样的生态文明、怎样建设生态文明等重大问题，形成了系统完整的生态文明思想，成为习近平新时代中国特色社会主义思想的重要组成部分。

生态文明是在传统的发展模式出现了严重弊病之后，为寻求与自然和谐相处、适应生态平衡的客观要求，在物质、精神、行为、观念与制度等诸多方面以及人与人、人与自然良性互动关系上所取得进步的价值尺度和相应的价值指引。生态文明以可持续发展原则为指导，树立人与自然的平等观，把发展和生态保护紧密结合起来，在发展的基础上改善生态环境。因此，生态文明的本质就是要重新梳理人与自然的关系，实现人类社会的可持续发展。它既是对中华优秀传统文化的继承和发扬，也为未来人类社会的发展指明了方向。

党的十八大以来，"生态文明建设"相继被写入《中国共产党章程》和《中华人民共和国宪法》，这标志着生态文明建设在新时代的背景下日益规范化、制度化和法治化。党的十八大提出，大力推进生态文明建设，把生态文明建设放在突出地位，融入经济建设、政治建设、文化建设、社会建设各方面和全过程，努力建设美丽中国，实现中华民族永续发展。党的十八届三中全会提出，必须建立系统完整的"生态文明制度体系"，用制度保护生态环境。党的十八届四中全会将生态文明建设置于"依法治国"的大背景下，进一步提出"用严格的法律制度保护生态环境"。可见，生态文明法律制度建设的脚步不断加快。为此，本人于2014年牵头成立了"生态文明法律制度建设研究"课题组，并成功中标2014年度国家社科基金重大项目，本套丛书即是该项目的研究成果。

本套丛书包含19本专著，即《生态文明法律制度建设研究》《监管与自治：乡村振兴视域下农村环保监管模式法治构建》《保护与利用：自然资源制度完善的进路》《管理与变革：生态文明视野下矿业用地法律制度研究》《保护与分配：新时代中国矿产资源法的重构与前瞻》《过程与管控：我国核能安全法律制度研究》《补偿与发展：生态补偿制度建设研究》《冲突与衡平：国际河流生态补偿制度的构建与中国应对》《激励与约束：环境空气质量生态补偿法律机制》《控制与救济：我国农业用地土壤污染防治制度建设》《多元与合作：环境规制创新研究》《协同与治理：区域环境治理法律制度研究》《互制与互动：民众参与环境风险管制的法治表达》

《指导与管控：国土空间规划制度价值意蕴》《矛盾与协调：中国环境监测预警制度研究》《协商与共识：环境行政决策的治理规则》《主导或参与：自然保护地社区协调发展之模式选择》《困境与突破：生态损害司法救济路径之完善》《疏离与统合：环境公益诉讼程序协调论》，主要从"生态文明法治建设研究总论""资源法制研究""环境法制研究""相关诉讼法制研究"四大板块，探讨了生态文明法律制度建设的相关议题。本套丛书的出版契合了当下生态文明建设的实践需求和理论供给，具有重要的时代意义，也希望本套丛书的出版能为我国法治理论创新和学术繁荣作出贡献。

2022 年 9 月 于山城重庆

前　言

目前，我国土地资源的利用面临着"保红线"的艰巨任务，矿产资源的供需形势也不容乐观，如何在经济发展、资源节约、生态保护三者之间实现衡平，是摆在每一位矿业管理者和土地管理者面前的一道难题。虽然我国现有的矿业用地法律制度为保障矿业经济的快速发展作出过卓越贡献，但不可否认的是，随之而来的人地关系紧张、生态环境破坏、管理机制滞后等问题同样不容忽视。而且，矿业用地一直是矿业管理和土地管理的"结合部"，实务操作也"游走"于两项管理制度之间，这难免加大了对矿业用地管理的难度和风险。在矿业用地领域，我国一直采取矿业管理和土地管理"分而治之"的方式，这是矿业用地诸多现实问题无法解决的缘由所在。正是这一背景促成了本书的立意与写作。

本书综合运用文本分析、历史比较分析、实证分析、综合分析等多种研究方法，在借用相关学科理论的基础上对我国矿业用地法律制度的历史演进做了翔实的梳理，并进一步对我国矿业用地法律制度的现实及问题进行了剖析，同时对矿业用地生态修复法律责任的基础理论进行了研究，特别是对生态修复法律责任的主体、采矿权人的生态修复义务、怠于履行生态修复义务构成污染环境罪的证成，以及采矿权人履行生态修复责任的对策建议做了深入的研究。在此基础上，本书结合当下国情提出了我国矿业用地法律制度改革的具体完善建议。

本书主要内容为：

第一章　中国矿业用地法律制度概述。本章以矿业用地的含义、特征为起点，探讨了矿业用地法律制度的含义、价值目标，以及矿业用地法律规制的必要性和理论基础。本章的写作目的主要在于通过揭示"矿业用地"的含义，科学界定"矿业用地"的内涵、外延和特征，深入分析矿业用地制度的法理内容，以期为多角度推进矿业用地法律制度改革奠定理论基础。

第二章　中国矿业用地法律制度的历史演进。本章通过回顾和研究我国矿业用地的历史演变来把握其发展的脉络，以期从中得到有益的启示。对我国矿业用地法律制度的历史进行梳理和分析，有助于认识和理解我国矿业用地现实问题产生的制度根源和原因。因此，为了完善与健全我国的矿业用地管理制度，本章对我国古代、近代、中华人民共和国成立以后的矿业用地的法律制度都作了详细的考察与深刻的评判。

第三章　中国矿业用地法律制度的现实检视。本章通过梳理和研究我国矿业用地的取得制度、复垦制度和退出制度，对矿业用地的现行取得方式及程序，以及复垦制度和退出制度的必要性和意义进行分析，提出我国矿业用地存在着立法价值取向失衡、矿业用地法律关系中存在权利冲突，以及法律规范及法律体系不完善等现实问题。

第四章　中国矿业用地生态修复责任的基础理论研究。本章通过论述矿业用地生态修复法律责任的内涵与适用原则，探讨采矿权人怠于履行矿业用地生态修复义务的原因并作出分析，进而论证采矿权人怠于履行矿山生态修复义务而构成污染环境罪，对相应的生态修复法律责任的承担提出了对策建议。同时，本章还对矿业用地生态修复法律责任主体的演变脉络进行了梳理，进而揭示出我国生态修复法律责任的主体有着从国家理性走向公共理性的变迁历史。为此，本书结合国情提出了生态修复法律责任主体社会化的路径构建安排。

第五章　中国矿业用地法律制度的改革建议。本章首先提出我国矿业用地法律制度的改革目标是有效降低矿业用地取得成本、兼顾矿业用地各方利益分配、引导矿业用地合理开发利用。然后提出具体的改革路径是加快矿业用地管理的专章立法步伐、建立与矿业用地对等的土地产权和统一的土地市场、转变矿业用地从指标管制走向规划管制、衔接与协调矿业用地法律关系中的权利。同时，本书还提出了在矿业用地的取得制度、复垦制度、退出制度三个方面进行完善的具体建议。

本书立足于我国矿业用地管理的实际，提出矿业用地法律制度具体的改革建议，具有一定的理论及实践价值。首先，有助于弥补矿业用地法制理论研究的不足。我国学界和实务界对矿业用地管理的认识是一个从理论到实践的循环往复、逐步发展的过程。矿业用地管理理论的发展正是在现实问题的研究过程中实现的。然而，我国目前矿业用地管理混乱的现实，表面上看是相关法律、法规、政策的缺失造成的，而实质上是矿业用地的法制理论研究不足造成的。我国学界和实务界对矿业用地的理论研究工作正处于并将长期处于探索和研究的过程。尤其需要在矿业用地的概念内涵，矿业权与土地物权、环境权之间的法理关系，矿业用地的退出机制，矿业用地法律制度的价值追求，以及矿业发展中的用地公平、效率、可持续性三者之间的协调关系等方面进行深入探究。本书提出我国矿业用地管理的改革与创新方式，并结合新形势和新问题，对现有理论进行全面梳理和研析，提出解决矿业用地问题的指导思想、原则及相应的措施，以期对我国矿业用地管理理论的完善能够起到一定的积极作用。其次，有助于完善我国矿业用地管理体系。矿业用地法律制度是矿产资源所有权、矿业权、政府行政管理权之间规范的制度安排。虽然我国矿业用地管理在改革开放以来经过了几次大的变革，直接对我国矿产资源的开发利用和矿业发展起到了一定的保障作用，但由于我国现行法律、法规、政策对矿业用地的规定较为薄弱，直接导致了某些矿业用地管理活动无法可依的现实。因此，本书通过对国内矿业用地法律制度的历史演变的回顾，对矿业用地现实问题的抽象与分析，并结合我国矿业用地实践面临的形势，欲重新设计并提出我国矿业用地法律制度的立法建议。最后，有助于缓解矿业经济发展与生态环境保护之间的矛盾。矿产资源的有限性以及产地的不可选择性决定了矿业用地是一种比较特殊的用地类型。矿产资源的开采和利用与土地有着密不可分的联系，矿产资源的开采和利用会不可避免地产生大量的废石、废渣、废水和废气，并造成水土流失、土地压占和毁损、次生地质灾害、矿山废水和重金属污染等，对矿区及周边的环境造成严重的污染和生态破坏。矿业用地的生态环境问题已成为矿区社会经济发展的障碍，严重威胁着矿区居民的生命、健康和财产安全。因此，本书针对矿业用地使用中矿业权、土地物权、环境权三者之间的冲突，提出了解决权利冲突的协调办法。

本书在写作过程中得到了众多同事、亲人及朋友的指导、支持和关心。本书出版之际，我要向他们真诚地道一声感谢。感谢我的导师黄锡生教授，他不仅在学术上为我指点迷津，也在生活上给予我诸多关怀和帮助。恩师高尚的品格、渊博的学识、开阔的视野、严谨的思维都深深地影响着我，值得我一生去学习和体会。感谢我的家人，在艰辛的论文写作过程中，他们给予了我莫大的支持。他们无私的爱，是我不断前行的动力。感谢重庆大学出版社对本书出版的大力支持，诸位编辑老师为本书的出版付出了艰辛的努力。本书在写作过程中，还参考和借鉴了众多学者的研究成果。正是因为站在了众多"巨人"的肩膀上，才有了本书的一点拙见，在此一并向他们表示感谢。同时，本文不是作者思考的终点，而是矿业用地研究的起点，笔者将会持续关注和参与矿业用地的理论与实践研究，并期待我国的矿业用地法律制度更为健全与科学，矿业经济和土地管理也能够长期协同发展。由于笔者学术水平有限，书中诸多观点及表达难免有不完善之处，望学界同仁见谅的同时能够给予批评与指正。

任洪涛

2023 年 2 月

目　录

第一章　中国矿业用地法律制度概述

第一节　矿业用地概述 / 1
一、矿业用地的含义 / 2

二、矿业用地的特征 / 5

第二节　矿业用地法律制度概述 / 8
一、矿业用地法律制度的含义 / 8

二、矿业用地法律制度的价值目标 / 11

第三节　矿业用地法律规制的现实需要 / 19
一、矿业用地法律规制的必要性 / 19

二、矿业用地法律规制的理论基础 / 26

第二章　中国矿业用地法律制度的历史演进

第一节　我国古代矿业用地法律制度 / 32
一、我国古代矿业用地法律制度的基本脉络 / 32

二、我国古代矿业用地法律制度的经验启示 / 35

第二节 我国近代矿业用地法律制度 / 37

一、我国近代矿业用地法律制度的基本脉络 / 37

二、我国近代矿业用地法律制度的经验启示 / 46

第三节 中华人民共和国成立后的矿业用地法律制度 / 48

一、中华人民共和国成立后矿业用地法律制度的基本脉络 / 48

二、中华人民共和国成立后矿业用地法律制度的经验启示 / 54

第三章 中国矿业用地法律制度的现实检视

第一节 我国矿业用地的取得制度 / 57

一、我国矿业用地取得制度的现行立法规定 / 58

二、矿业用地的现行取得方式及程序 / 61

第二节 我国矿业用地的复垦制度 / 70

一、矿业用地复垦制度的现行立法规定 / 70

二、矿业用地复垦制度的必要性和意义 / 74

第三节 我国矿业用地的退出制度 / 78

一、矿业用地退出制度的现行立法规定 / 78

二、矿业用地退出制度的必要性和意义 / 82

第四节 我国矿业用地法律制度的评判 / 85

一、矿业用地立法价值取向的失衡 / 86

二、矿业用地法律关系中的权利冲突 / 91

三、矿业用地法律规范及法律体系的不完善 / 101

第四章 中国矿业用地生态修复责任的基础理论研究

第一节 矿业用地生态修复法律责任 / 105

一、矿业用地生态修复法律责任的内涵 / 106

二、矿业用地生态修复法律责任的适用原则 / 109

第二节 采矿权人怠于履行矿业用地生态修复义务 / 113

一、我国矿业权人履行生态修复义务的法律规定 / 113

二、采矿权人怠于履行矿山生态修复义务的原因分析 / 114

第三节 采矿权人怠于履行矿山生态修复义务构成污染环境罪 / 123

一、怠于履行矿山生态修复义务构成污染环境罪之主体要件 / 123

二、怠于履行矿山生态修复义务构成污染环境罪之客体要件 / 124

三、怠于履行矿山生态修复义务构成污染环境罪之主观要件 / 125

四、怠于履行矿山生态修复义务构成污染环境罪之客观要件 / 128

第四节 矿业用地生态修复法律责任的主体研究 / 129

一、生态修复法律责任主体的历史脉络梳理 / 129

二、生态修复法律责任主体的变迁：从国家理性走向公共理性 / 138

三、生态修复法律责任主体的社会化路径构建 / 142

第五节 采矿权人履行生态修复责任的对策建议 / 148

一、探索利用市场化推动矿山生态修复的路径 / 149

二、积极推动矿山生态修复资金缺口的补足 / 151

三、加快完善矿山生态修复验收制度 / 152

四、推动矿山生态修复法律责任的实现 / 153

五、着力构建完善的生态修复监管模式 / 154

六、加快构建绿色矿山建设新格局 / 156

七、发挥附条件不起诉制度的天然优势 ／ 157

第五章　中国矿业用地法律制度的改革建议

第一节　我国矿业用地法律制度的改革目标 ／ 161

一、有效降低矿业用地取得的成本 ／ 162

二、兼顾矿业用地各方利益的分配 ／ 163

三、引导矿业用地的合理开发利用 ／ 164

第二节　我国矿业用地法律制度改革的实现路径 ／ 166

一、加快矿业用地管理的专章立法步伐 ／ 166

二、建立平等的矿业用地土地产权和统一的土地市场 ／ 168

三、转变矿业用地从指标管制走向规划管制 ／ 169

四、衔接与协调矿业用地法律关系中的权利 ／ 170

第三节　我国矿业用地具体法律制度的完善 ／ 173

一、矿业用地取得制度的完善 ／ 173

二、矿业用地复垦制度的完善 ／ 179

三、矿业用地退出制度的完善 ／ 186

第六章　结论与展望

第一节　主要结论 ／ 193

第二节　研究展望 ／ 195

主要参考文献

第一章　中国矿业用地法律制度概述

一种法律制度如果没有理性的理论作为指导，它就不会是自觉的、理性的和科学的，而会是盲目的、非理性的和支离破碎的。[1] 矿业用地与矿业生产紧密相连，其制度构建既应当符合土地管理的一般规定，同时也要满足矿业生产自身规律的特殊要求。因此，研究"矿业用地"问题，必须首先从"矿业用地"含义的揭示入手，唯有科学界定"矿业用地"的内涵、外延和特征，深入分析矿业用地制度的法理内容，才能够在多维度的视角下研究和分析矿业用地法律制度改革所必需的基础理论。

第一节　矿业用地概述

矿产资源是人类赖以生存和发展的能量之源，也是经济社会良性运行的物质基础。矿业用地的制度安排直接影响着矿业的可持续经营和发展速度。矿产资源对于中国这样一个正在高速发展、各行各业都急需资源"输血"的国家而言，快速推进我国矿业用地管理工作的理论研究和实践探索显得尤为迫切和重要。

---

[1]　孙笑侠.法律对行政的控制：现代行政法的法理解释［M］.济南：山东人民出版社，1999：31.

一、矿业用地的含义

矿产资源是关系人类生存和发展的极其重要的自然资源。矿业用地的制度安排是我国矿业发展和管理不可或缺的部分，对保护国家所有权人的公共利益、维护矿业权人的合法私益以及实现土地资源的可持续利用有着重要作用。严格地说，被广泛运用于矿产开发行业的"矿业用地"是学界争论颇为激烈的一个概念。概念的不统一、不规范严重影响了矿业用地管理政策和矿业用地法案的制定，也在很大程度上制约了矿业企业合法、有效用地的顺畅实现。正如美国法学家博登海默所言，"事物的概念是其本质的语言表达，也是解决法律问题所必需和必不可少的有效的工具。若没有严格地界定专门概念，我们便不能清楚地和理性地去思考相关的法律问题"。[1]

（一）矿业用地定义的学理界定

在矿业用地名称上，学界有"矿业用地""矿山用地""矿业权用地""矿业用地使用权"等称谓，为了满足研究的规范性和严谨性，本书统一称为"矿业用地"。在矿业用地的界定上，一般有三种做法，第一种是直接界定矿业用地的概念，如房绍坤认为，矿业用地是指矿产资源勘查、开发过程中所需要使用的土地。[2]孙英辉、肖攀认为，矿业用地是指蕴含一定矿物资源的土地，矿业权人采矿时需要且必须依法取得相应地块的土地使用权。[3]何淼认为，矿业用地权是指从事勘查和开采活动而对特定区块地表土地进行利用的权利。[4]第二种是在界定矿业用地的同时，还列举了矿业用地的外延，如王素萍认为，矿业用地是指矿业权人在实施勘查、开采矿产资源过程中需要占

---

[1]　E.博登海默.法理学：法律哲学与法律方法［M］.邓正来，译.修订版.北京：中国政法大学出版社，2004：196.

[2]　房绍坤.矿业权法律制度研究［M］.北京：中国法制出版社，2013：67.

[3]　孙英辉，肖攀.完善矿业用地使用权的法律设置［J］.理论月刊，2011（6）：170-172.

[4]　何淼.中国矿地使用权法律制度研究［D］.北京：中国地质大学，2011.

用的土地，包括探矿用地、采矿用地、选矿用地、工业广场用地、进场道路用地及附属设施用地等。[1]第三种虽然不对矿业用地进行解释，但是从外延上通过列举矿业用地以解释其概念，如肖国兴认为矿业用地包括勘探、掘井、修筑建筑、公路、铁路、码头、架设电缆、运输管道、清除地面障碍等。[2]蒋瑞雪认为矿业用地是勘探、开采矿产资源时矿区范围内的土地。[3]通过分析相关文献可以发现，虽然矿业用地的称谓繁多，但其概念内涵却颇为相同，法学界对矿业用地还没有过多的关注和深入的研究。

（二）矿业用地定义的实务表达

虽然目前我国法律法规还没有对矿业用地的内涵和外延进行明确的界定，但在矿业开发行业的有关术语和手册中已有具体的描述。例如，原全国农业区划委员会于1984年组织原农牧渔业部、原林业部、原城乡建设环境保护部、原水利电力部、原国家测绘局、原国家海洋局、原国家统计局、原国家计委八部委，共同制定了"土地利用"的具体含义和分类标准，并将"居民点及工矿用地"划为一级地类；而"工矿用地"是指独立于居民生活区域以外的各种矿业企业、采石场、砖瓦窑、仓库及其他企事业单位的建设用地，不包括附属工矿、企事业单位的农副业生产用地。[4]姜振寰在《交叉科学学科辞典》中根据生产目的和提供资源的不同，将土地划分为农业用地、工业用地、矿业用地和城市用地四大类。[5]《采矿手册》将矿业用地界定为以担负矿产品的开采及其矿产品的加工为主要功能的区域，包括矿井井田边界范围内的区域和井田边界范围以外直接和矿区发

［1］　王素萍.完善我国矿业用地管理的几点思考［J］.发展研究，2014（2）：61-63.
［2］　肖国兴，肖乾刚.自然资源法［M］.北京：法律出版社，1999：331.
［3］　蒋瑞雪.矿业权交易中矿区使用权的流转限制［J］.山西煤炭，2010，30（7）：30-33.
［4］　国家计划委员会农业区划局，农牧渔业部土地管理局国家计划委员会农业区划局.土地利用现状调查手册［M］.北京：农业出版社，1985：169.
［5］　姜振寰.交叉科学学科辞典［M］.北京：人民出版社，1990：375.

生联系的区域。[1]原国土资源部于 2003 年在《土地基本术语》中对"工矿用地"进行了界定，明确了"工矿用地"具体是指"在城市、建制镇和农村居民点以外，并用于工业生产、采矿、采砂石、盐田等生产的土地区域"。[2]我国质量监督检验检疫总局和国家标准化管理委员会于 2007 年联合发布的《土地利用现状分类》明确将工矿仓储用地划分为一级地类，其包含了工业用地、采矿用地、仓储用地三个二级地类。[3]另外，我国台湾地区所谓的"矿业法"还明确将矿业用地的范围扩大至矿区配套设施用地以及其他矿业上必要之各种工事或工作物。[4]

（三）关于矿业用地含义的思考

矿业用地的概念界定是矿业用地法律制度研究的逻辑起点。而在我国现行的法律法规中，对"矿业用地"的概念尚无明确的界定，其范围也是按行业惯例大致分为勘探用地、工业广场用地、采矿区用地、尾矿库用地等。但由于矿业活动本身的复杂性和特殊性，矿业用地概念的法律缺失现状造成了矿业用地管理的混乱与无序，极不利于矿业的健康稳定发展。为此，在生态文明建设的背景下，矿业用地概念的法律设计应以土地节约集约、矿产资源合理有效开发为出发点和归宿，其内涵和外延既要立足于现行矿业用地制度的改革实践，又要着眼于矿业用地制度的长期发展。同时，应当看到，我国矿业用地绝大部分涉及的是农村集体土地，在对矿业用地利用的过程中要切实保护农民的各项利益。改变矿业用地入市的方式，

---

［1］ 《采矿手册》编辑委员会.采矿手册：第 1 卷［M］.北京：冶金工业出版社，1988：80.

［2］ 国家质量监督检验检疫总局.土地基本术语：GB/T 19231—2003［S］.北京：中国标准出版社，2003.

［3］ 国务院第二次全国土地调查领导小组办公室.第二次全国土地调查培训教材［M］.北京：中国农业出版社，2007.

［4］ 我国台湾地区所谓的"矿业法"规定，矿业权者有下列情形之一者，必要时得依法使用他人土地：一、开凿井、隧或采采矿藏。二、堆积矿产物、爆炸物、土石、薪、炭、矿渣、灰烬或一切矿用材料。三、建筑矿业厂库或其所需房屋。四、设置大小铁路、运路、运河、水管、气管、油管、储气槽、储水槽、储油池、加压站、输配站、沟渠、地井、架空索道、电线或变压室等。五、设置其他矿业上必要之各种工事或工作物。

不但成为山区农民发展生产、脱贫致富的重要推动力，也是对土地权利体系的新的变革。为解决矿业用地定义模糊的现实窘境，应尽快在国家层面对矿业用地的概念进行法律界定。为此，本文拟对矿业用地的法律概念先作一个初步的界定，即矿业权主体因勘探、开采、加工矿产资源而占有、使用、收益和有限处分的涉及矿业区域范围内的土地；矿业用地的范围是随着矿业活动的变化而变动的，大致可分为勘探用地、采矿用地、工业广场用地、矿区居民生活用地四大类。

二、矿业用地的特征

因矿产资源的赋存条件和开采方式不同，矿业活动中对矿业用地的利用方式也不尽相同。矿业用地相比其他建设用地，其特点是随着社会经济的发展和土地利用的时代变化而变迁的。根据现阶段矿产资源开发利用的规模、性质、科技发展水平，以及国家现行的法律制度与管理体制等因素来研判，矿业用地与一般的建设用地相比具有特定性、复杂性和阶段性特征。

（一）特定性

矿业用地的特定性体现在土地利用的权利主体、实现目的、作业方位的唯一性和不可替代性。第一，矿业用地权利主体的特定性。矿业权主体是具有国家法律明文规定的勘探、开采、加工矿产资源资质条件的企业或组织。矿业权的实现必然要利用相应的土地，矿业权主体对特定区块具有强烈的需求性，并通过合法手段最终取得对矿业用地的占有和使用。因此，矿业权主体在一定程度上决定了矿业用地的主体。第二，矿业用地实现目的的特定性。人类对土地的开发最终是为了借助其自然属性和经济属性获取一定的利益，比如农业种植会产生粮食、建造房屋会实现经济价值等等。然而，矿业权人对相应土地的占有使用并不是为了进行自然营造和人工建筑，其最主要的目的是获取矿业用地的地表及地下的矿产资源，进而换取经济利益。第三，矿业用地作业方位的特定性。由于矿产资源埋藏于地下或分布于地表的自然特性，矿业权人在探矿、采矿、闭矿、土地复垦等阶段对权利的行使都与土地产生着唇齿相依的关系，对土地方位的利用具有很强的依附性和不可替代性。以采矿用地为例，矿业企业只有经过勘查探明地下确有可供开采的矿产资源，才可能申请取得采矿权并申请取得相应的矿业用地土地使用权。严格地说，地表或地下矿产资源的分布直接决定了矿业用地的位置和范围，这也表现了矿业用地的位置具有唯一性。

（二）复杂性

矿业用地的复杂性主要表现在矿业权人作业方式的多样化和矿业占地的广泛化两个方面。一方面，矿业权人作业方式的多样化体现了矿业用地的复杂性。根据矿种特性和矿产资源赋存条件的不同，矿业权人开采矿产资源的方式主要有露天开采和井工作业两种方式。对于露天开采来说，基本采取逐层剥离表土的方式，但对埋藏于地下的矿种，则根据具体的埋藏情况采取打（钻）井的方式，其间还必须建造尾矿库，用于堆放因洗选矿石产生的大量矿渣、废渣等。另外，在矿业生产活动中，往往伴随着对土地的挖损、压占、污染以及土地的塌陷等问题，矿业企业为了减少后期的环境治理成本，必然会根据实际情况，采取不同的开采工艺。另一方面，矿业占地的广泛化体现了矿业用地的复杂性。矿业用地的类型呈现多样化的现象，矿业权人为获取具有经济价值的矿产资源，可能涉及对耕地、林地、草地等农业用地，建设用地和未利用地的占有和利用。矿业企业的用地范围和面积较大，包括探矿用地、选矿用地、采矿用地、工业广场用地、附属设施道路用地、矿业生活区用地等。例如：山西平朔的三大露天矿的矿业用地总和就接近 170 km^2；内蒙古胜利露天矿仅含煤的用地面积就达到 342 km^2[1]；广西百色平果县铝土矿的最终矿业用地接近 10 万亩（1 亩 ≈ 666.67 平方米），相当于该县总耕地面积的 1/3[2]。由于矿产资源与土地资源在空间上构成了"兼容互渗"的联系，矿业权人对用地范围的扩大也意味着土地权利人对土地占有范围的消减，因此在两项权利主体不一致的情形下，权利行使的协调显得更加复杂。

（三）阶段性

矿业用地阶段性的特点主要体现在矿业用地的开发期限、矿业用地的利用过程以及矿业用地的环境治理三个方面。首先，矿业用地的开发期限决定了矿业用地的用地期限。矿产资源的自然储量和分布以及矿业企业生产工艺的差异化，导致矿产资源的开采年限也不尽相同。一般而言，矿业用地利用规模随着矿区的发展呈先急剧上升，再平稳发展，然后缓慢下降的趋势，最终伴随着采矿活动的结束与没落，丧失原有的生产和服务功能。[3] 同时，矿业活动分为勘探和开采两个阶段，根据我国矿产资源相关法律的规定，探矿权的权利期限不得超过 3 年，采矿权根据矿产品的不同，权利期限分为 5 到 30 年不等，临时用地为 2 年，这导致矿业权人最终的用地期限也大不相同。其次，矿业用地的利用过程决定了矿业用地的阶段性。我国矿产资源所有权一元制（国家所有）与土地所有权二元制（国家和集体所有）的现实，造成了权利主体对矿业权的取得不一定必然取得矿业用地使用权，矿业权的实现一定程度上是以矿业用地使用权的取得为前提和基础的。为了促进土地的有效利用，矿业权应当并也只能与土地使用权一同发生变动。因此，矿业用地会呈现出"土地使用权的取得—土地的生态

---

[1]　周伟，白中科，曹银贵.我国矿业用地现状及其节约集约利用途径[J].资源与产业，2012，14（4）：41-46.

[2]　广西平果铝土矿采矿临时用地试点调查[N].中国国土资源报，2011-8-4.

[3]　赵淑芹，刘树明，唐守普.我国当前矿业用地制度绩效及其完善研究[J].国土资源情报，2010，14（12）：27-31.

环境受损—土地的生态环境恢复—土地使用权的交还"这样一个过程。最后，矿业权人的环境治理义务体现了矿业用地的阶段性。虽然矿业企业对矿业用地的合法利用最终是为了获取矿产资源或加工矿产品，以获得巨额的经济利润，但矿业用地及其周边的环境与生态利益已然成为一种公共利益，各国矿业法均规定矿业权人在勘探和开采完矿产资源后有义务复垦土地并恢复当地的生态环境，这表明矿业用地的利用已经演化为两个不同的阶段。

第二节　矿业用地法律制度概述

矿产资源的不可再生带来的日益严峻的资源供需形势和土地资源不合理开发利用所造成的生态环境问题，迫使人们越发重视对矿业用地法律制度的研究。其中，理论研究是矿业用地制度研究的基础和支撑，对矿业用地法律制度的探索和实践起到了指导作用。

一、矿业用地法律制度的含义

（一）矿业用地法律制度的内涵

土地制度是以土地为媒介形成的人与人之间的社会生产关系。土地制度也是经济制度的重要组成部分。列宁曾指出，"马克思认为经济制度是政治上层建筑借以树立起来的基础，所以，他特别注意对经济制度的研究"。[1]土地制度作为经济制度的重要内容，它需要法律的确认与保护，最终具有反映、规范、确认、保护、强化土地经济关系的作用，成为社会法权制度的重要内容。为此，土地法律制度是调整社会主体在土地的开发、利用、管理和保护过程中所

---

[1]　中共中央马克思恩格斯列宁斯大林著作编译局.列宁选集：第 2 卷［M］.3 版.北京：人民出版社，1995：311.

产生的各种社会关系的法律规范及其运行机制的总和。[1]随着矿业活动的蓬勃发展，我国制定和实施了调整矿业领域土地关系的法律、法规及管理制度，逐渐形成了规范矿业用地关系的专项制度。比照土地法律制度的概念，矿业用地法律制度是指调整社会主体在矿业用地的开发、利用、管理和保护过程中所发生的各种社会关系的法律规范的总称。矿业用地法律制度将土地利用和管理的规则体系上升到矿业法高度，并以强制性手段来保障矿业用地发挥最大功效和效益。在矿业用地法律制度中，衔接和规制矿产资源的勘探、开采与土地利用的核心制度有矿业用地的取得制度、复垦制度和退出制度（将在本书第三章中做详细的考察和阐释）。

矿业用地法律制度在其本质和特征上，具有法的一般属性。在本质上，它是统治阶级意志的体现，其内容是由统治阶级的物质生产条件所决定的，该项法律制度是将统治阶级意志进行提炼并上升到国家层面，进而法律化；而在特征上，它是一种由国家制定或认可的，具体规定了矿业用地关系中人的权利和义务，由国家强制力保证实施的具有普遍约束力的行为规范。但是，除此之外，矿业用地法律制度还具有其自身的一些特点。一方面，矿业用地法律制度必须要考虑矿业用地自然与社会的双重属性。矿业用地法律制度的调整对象是土地关系，即社会主体在矿产开发行业中开发、利用、管理和保护土地过程中所发生的各种社会法律关系。由于矿产资源的赋存具有特定性，这就决定了矿业用地的开发、利用具有唯一性、不可替代性，而且矿业用地开发、利用的最终目的是实现巨大的经济利益。因此，矿业用地法律制度既要调整人与土地的关系，又要调整人与社会的关系；该项法律制度的制定既要符合土地的自然规律，又要考虑社会经济发展规律。另一方面，矿业用地法律制度具有综合性。矿业用地法律制度的内容包括矿业用地的取得制度、复垦制度、环境治理制度和退出制度

---

[1]　宋雅建.土地法律制度的经济学分析［J］.南京农业大学学报（社会科学版），2002，2（4）：23-30.

等，是一项综合性的土地法权体系。较之其他类型的土地利用，矿业用地法律制度涉及面极为广泛，包括错综复杂的民事关系、行政关系、经济关系、刑事关系等，这就要求把矿产资源管理和土地资源管理作为一个不可分割的整体，在土地的开发、利用、管理和保护等多方面实现统一和协调。

（二）矿业用地法律制度的内容

法学与生态学、地质学、管理学等学科不同，其关注的重点是因矿业用地利用而对土地权利人的权利和义务可能产生的影响，而环境资源法的角度则更注重土地产权制度安排的公平、效率、生态三者之间的协调关系。基于专业限制和研究视角的不同，对于矿业用地法律制度的内容而言，本书更注重对矿业用地的法律关系和矿业用地利用中权利体系的衔接进行考辨。

第一，关于矿业用地法律关系的考辨。矿业用地法律关系是以矿业法、土地法、环境法等相关法规为前提而产生的社会关系，包括矿业用地法律关系的主体、客体和内容。首先，矿业用地法律关系的主体是指矿业用地法律关系的参加者，即在该法律关系中一定权利的享有者和一定义务的承担者。在具体的矿业用地法律关系中，常见的主体主要有矿业投资的个人、组织、矿业企业、土地行政管理部门、农村集体经济组织等。其次，矿业用地法律关系的客体是指矿业用地法律关系主体之间的权利和义务所指向的对象。在矿业用地实务中，矿业企业申请矿业用地的最终目的是获取相应地块下的矿产资源，从而取得丰厚的矿业经济利益。因此，该种矿业经济利益是矿业用地法律关系客体的表现形式。最后，矿业用地法律关系的内容是指矿业法律关系主体所享有的具体权利和承担的具体义务。在矿业用地实务中，因法律关系主体的不同，其享有的权利和承担的义务有所不同。如矿业企业享有对申请用地使用的权利，使用方式仅限于为矿业生产活动服务，但同时也承担对矿业用地复垦和生态修复的义务。而土地行政管理部门享有相应权限内的土地管理权限，但同时也承担相关土地行政的公共服务等。

第二，关于矿业用地利用中权利体系衔接的考辨。矿业企业在开发利用矿业用地时，涉及的权利主要有矿业权人的矿业权、土地权利人的土地使用权和矿区居民的环境权。由于三项权利的实现在矿业用地上存在着相互影响的关系，实践中土地权利人、矿业权人、社会公众之间的利益指向并不一致，所以如何处理和协调三项权利的行使是矿业健康持续发展的重要保障。其中，矿业权是指国有矿业企业、集体矿业企业以及个体工商户等主体，依照法定程序在已经登记的特定矿区或工作区域内勘探、开采一定的矿产资源并取得矿产品，排除他人干涉的权利。[1] 土地使用权是指权利主体按照法定程序对国有土地或集体土地享有的占有、利用、收益和有限处分的权利。虽然环境权在我国还没有以立法的形式予以明确规定，但有学者主张这种现实情形并不妨碍人们行使对环境利益享有的权利，如蔡守秋认为，环境权是社会成员为维护公众环境利益的法律依据和基础，损害作为公众共用物的环境，就是侵犯公众的环境利益，就是侵犯公众的环境权。[2] 矿业用地处于土地资源和矿产资源交叉管理的"接合部"，唯有在实体和程序上均做好三权关系的协调，才能顺利实现土地资源的集约、节约利用和矿产资源的有效、合理开发。为此，关于矿业用地中所涉及的三项权利的冲突与协调关系，本书将在第三章做专章阐述，此节不再赘述。

二、矿业用地法律制度的价值目标

法律既是一种行为规则，也是一种价值导向。对矿业用地法律制度的设置不仅是国家制定用地规则的活动，更是通过矿业立法活动来

---

[1]　崔建远.准物权研究［M］.北京：法律出版社，2003：179.
[2]　蔡守秋.从环境权到国家环境保护义务和环境公益诉讼［J］.现代法学，2013，35（6）：3-21.

表达、传递、推行被国家认同和接受的价值取向和价值追求的活动。矿业用地法律制度中的价值取向和价值追求并不是简单地外加而成，其是由矿产开采实践活动的特点所决定的，本质上是矿业用地管理部门和行政管理者在立法时对利益追求的取舍问题。

（一）理想目标：矿业用地的公平

公平的本质是人与人之间利益关系的均衡[1]，也是法律制度的核心价值之一。我国矿业用地中的利益矛盾和利益冲突十分尖锐和复杂，这就要求管理人员在矿业用地的现行法律体系下，利用法律规则以求得不同利益主体之间的利益衡平，最终实现用地公平与公正的目标。

首先，公平价值观有利于衡平政府、农民、企业三者之间的利益矛盾。目前，我国矿业用地的开发、利用方式，不能有效兼顾政府、农民、企业三方的共同利益，导致在矿业用地的实践中经常引起各方主体的冲突和矛盾。详言之，矿业企业主要考虑征地成本、土地复垦及后期管护等成本费用；农民更关注的是土地被征收后的赔偿程序和赔偿标准，以及后续的就业保障等民生问题；而政府主要考虑的是土地资源的配置与管理问题，具体而言就是如何既能增加地方政府的财政收入，又能保证人民生活水平的提高。由此可见，同一块土地资源承载和担负着政府、农民、企业三方不同的利益诉求，在现有的不成熟的市场机制和市场体系下，矿业用地的配置与利用制度很难在时空上同时满足土地权利相关人的利益总量。而公平价值观的确立有利于衡平和解决政府、农民、企业三者之间的利益矛盾。政府始终秉持公平的理念对土地资源进行配置与管理，要求矿业用地的公平利用不但要达到形式上公平，更要达到实质公平的程度。形式公平要求在土地征收、土地流转、土地管理过程中应有公正的程序，通过公正的程序来保障不

[1] 万光侠.效率与公平：法律价值的人学分析［M］.北京：人民出版社，2000：335.

同土地权利主体的利益要求；而实质公平则更多的是指在土地征收、土地流转、土地利用过程中对利益分配的结果公平。

其次，公平价值观有利于缓解建设用地指标与耕地占补平衡之间的矛盾。长期以来，我国实行的是土地用途的管制制度，对建设用地是有范围和数量控制的。耕地占补平衡是我国贯彻实施保护耕地这一基本国策的重要途径，即非农建设经批准占用耕地要按照"占多少，补多少"的原则，补充数量和质量相当的耕地。随着矿业活动的繁荣发展，矿业生产往往需要占用较大面积和较多数量的土地，如果地方的建设用地指标全部分配给矿业企业用于当地矿产资源的开发，其结果便是所在区域的规划建设用地指标永远处于极度紧缺的状态。而地方政府为了平衡各行业的用地需求，以及避免其他建设项目的占补平衡指标缺口过大，不得不暂缓分配或者不分配矿业企业所需的建设用地指标。我国各矿区长期存在的建设用地指标配给与耕地占补平衡需要协调的现实，已经成为制约矿区与所在地区快速发展的重要障碍。矿业用地法律制度以公平价值观为指导原则，土地管理者便不能够因为土地资源的行政配置结果而忽视对人们生活水平的不利影响，也不能够因为对特定地区土地资源的特殊分配而损害其他社会成员的生活权利，更不能够因为某些地区的经济条件更好、用地需求更大，而不顾实际情况地分配其更多的建设用地指标。矿业用地配置的公平性更注重附着在矿业用地上的经济福利在各个不同利益主体间的分配公平是否实现。

最后，公平价值观有利于化解企业负担与农民就业安置之间的矛盾。我国矿业用地的现实情况是：一方面，矿业企业蕴含着巨大的用地需求，土地征收成本随着矿业企业的成长也越发沉重，不利于矿业企业的长期发展与活力激发；另一方面，大量的农村集体土地被征收后，土地所有权的性质由集体所有转变为国家所有。而土地对我国农民来讲，是赖以生存的最基本的生产资料，也是他们最后的生活保障。失地农民从此失去了生活的基本保障，暴露出再就业的问题。目前，各地在矿业用地的实际工作中摸索出一系列安置方式，其中以货币安置最为普遍。这种方式是将安置补助费一次性发放给征地农民，让其自谋出路。但是，货币安置无法根本解决失地农民长期的生活保障问题。为此，当地政府委托矿业企业就业安置失地农民，但又造成了矿业企业的人力资源普遍臃肿的现象。很多国有性质或国有控股的矿业企业承担着较多的社会责任，已然陷入了就业安置失地农民和加剧企业负担的两难境地。通过在矿业用地制度中确立公平价值观，能够更为清晰地审视失地农民就业安置与矿业企业负担之间的影响关系，也能够更为明确地认识失地农民对就业保障的殷切盼望和需要。政府唯有在矿业用地制度中融入公平理念，充分发挥政府资源配置手段，进一步完善有利于减轻企业负担和失地农民就业安置的制度环境，才能最终化解矿业企业负担与农民就业安置之间的矛盾和冲突。

（二）核心价值：矿业用地的效率

法律制度的效率价值在市场经济中的体现，归根到底就是指所有的法律规范、法律制度及其运行活动，都以有效地利用资源、最大限度地增加社会财富为目的，亦即以法律手段促进资源的最佳配置。[1] 我国地少人多、土地供求矛盾极为突出，粗放型的土地利用模式已经无法满足矿业现代化建设的需要。为此，确立矿业用地的效率价值观，提高土地利用效率，是突破土地资源瓶颈、实现矿业健康持续发展的根本途径。

首先，效率价值观有利于提高土地资源管理的市场化水平。市场化是资源配置的最佳方式，已经在实践中被反复证明。我国土地资源管理的重要目标是充分发挥市场的供求机制、竞争机制和价格机制，解决政府在土地资源配置中的管理失灵问题，最终构建起以市场配置建设用地指标为主的机制，形成土地高效利用的良性制度。

---

[1] 韩慧.法律制度的效率价值追求[J].山东师范大学学报（人文社会科学版），2000，45（1）：11-14.

虽然政府不是土地资源配置目的的中心主体，但又不能彻底解除对土地资源的管制，因为对某些特殊或涉及国家安全的矿产资源的开采、利用，不能完全放任市场进行土地资源的配置，而需要国家用地政策的支持。政府的作用是为市场的充分竞争创造公平、宽松、高效的制度环境。一方面，土地利用与管理以效率为价值观，改变了工业用地的出让机制，进一步规范和发展了土地资源市场。我国国家层面及地方各省（区、市）已经相继出台了建设用地的招标拍卖挂牌出让办法，并明确了出让价格的最低标准。政府建立完善的土地二级、三级市场，确立统一的土地价格体系，以促进土地资源在市场中的有效流动，提升土地市场的竞争性和配置效率。另一方面，土地利用与管理以效率为价值观，成功地探索出区域土地利用共享机制。跨区域土地合作开发机制允许建设用地指标跨省区调剂使用，在考虑我国矿产资源分布不均的现实情况下，地区间通过土地有偿转让、共建基础设施等多元形式，实现矿业用地跨区域的整体开发。

其次，效率价值观有利于促进优化矿业用地的取得方式。在矿业活动中，无论是矿产资源的开采，还是矿业用地的利用、复垦，矿业企业的管理者认识到效率价值目标是衡量企业生命力的重要指标，将效率价值观确立在矿业开发制度中具有很大的实践意义。矿业用地往往涉及大量的土地面积，在我国"人多地少"的现实国情下，土地现行管理制度很难满足矿业企业的用地需求。因此，构建矿业用地制度，不仅仅是为了实现用地公平，恐怕更为重要的是促进用地效率的最优化。效率价值观作为用地制度最为核心的价值目标之一，为人们实际配置土地资源提供了不可缺少的衡量标准，更有利于土地资源的合理配置及高效利用。我国矿业用地的现行取得方式主要有国有建设用地划拨、国有建设用地出让、国有土地租赁、国有土地作价出资（入股）、国有土地授权经营等五种方式，但我国矿业用地取得方式和使用时间的现有规定早已不能满足现实社会经济发展的需要。我国矿业用地试点地区通过发挥地役权和土地租赁等土地利用制度的优势，促进矿业用地取得方式不断优化，是效率价值观在矿业用地法律制度中的集中体现。

最后，效率价值观有利于切实落实矿业土地资源的监管。效率是对行为结果的终极评判，而行为结果的理想程度取决于行为主体自身状况、行为的质量或合理性以及社会制度环境。[1] 随着我国社会经济和矿业开发的快速发展，矿业用地资源呈现日益紧张的局面，矿业领域存在着土地资源浪费、土地闲置、违法用地和重复建设的现象，土地利用监管的重要性也越来越受到重视和关注。因此，要从根本上解决土地资源有效利用的问题，就必须端正对效率的认识，深刻认识矿业用地效率是一种有效用的投入产出关系。我国矿业用地的监管工作任重而道远，尤其是在我国经济、政治体制转轨的关键阶段，从制度上、法律上来健全土地监管工作，实现土地资源保护和矿业经济发展对用地需求之间的协调，需要运用效率价值观来管控和调整矿业用地行为。具体而言，国家土地督察机关要以效率价值为中心，在简政放权和转变职能中强化土地监督。土地监管部门特别要对投资、经营、资质评定等权力进行下放，以发挥市场和地方政府对土地资源的配置作用，提高土地监督的效率，激发土地监督的活力。

（三）重要任务：矿业用地的可持续发展

矿业用地的可持续发展是实现矿业经济持续发展的重要基础和前提。其中，协调好矿业经济发展、土地资源可持续利用与矿区生态环境改善的关系，是矿业用地法律制度的战略性价值，且对土地管理与矿业繁荣均具有深远的意义。总之，矿业用地的可持续发展是从土地资源的高效利用及土地资源与其他资源相配合共同支撑矿

---

[1] 朱华政.论市场经济的效率价值 [J].现代法学，2005，27（4）：129-135.

业经济、社会发展的角度，制定出的利于矿业用地可持续发展的若干战略和措施。

首先，可持续发展价值观有利于提升矿业用地的利用管理水平。我国长期未重视矿业用地管理的研究，致使矿业用地利用的效率不高、复垦土地大量荒废和闲置，甚至造成矿区周边耕地的破坏，矿区内大面积的水土流失、土地沙化和土地污染，生态环境质量不断下降。另外，矿业用地数量与质量数据不准确、矿业用地纠纷频繁，也严重影响着人们对矿业用地合理利用的积极性。矿业用地管理是土地行政管理部门和矿业企业为了促进矿业用地有序与高效利用而进行的全过程管理活动。土地管理工作是一定社会条件下的自觉的、有目的的活动，需要理论和方法指导其发展。矿业用地的可持续发展利用是将整个土地管理过程中的经济、法律、行政、技术等各种因素作为一个整体来研究，形成一项系统的管理科学。比如，传统经济学重视解决土地资源配置的效率问题，但可持续发展观除了关心稀缺资源配置的实现问题，还强调实现土地资源的可持续利用目标。总之，坚持矿业用地的可持续发展价值观，可促进矿业用地法律制度和生态文明建设的协同发展，进一步提升矿业用地的利用管理水平。

其次，可持续发展价值观有利于促进矿业经济结构转型战略的实施。矿业经济作为我国社会经济的重要组成部分，不仅是工业经济的重要支撑和新的增长点，而且在促进劳动力就业和推动社会经济发展方面一直起着巨大的作用。然而，我国对矿业用地的开发、利用长期处于粗放经营的状态，矿业企业也主要是依赖矿产资源的巨大消耗和环境污染的转嫁来繁荣矿业经济。因此，矿业经济的现有模式不仅使其增长缺乏后劲，而且带来了矿区环境污染、生态破坏、资源短缺等不良后果。所以，通过可持续发展观来坚持矿业经济发展的整体性与自然持续性的辩证统一，对于矿业经济结构转型而言，就要求代表矿业生产力发展的增长方式具有可持续性，而且要求反映矿业生产关系的经济体制具有可持续性。由于矿产资源具有不可再生性，因此在矿产资源的开发利用过程中必须始终坚持可持续发展理念，善于利用新技术与新工艺，加快清洁开采与资源综合利用的研究与应用，减少矿区废物的排放，提高矿业用地的利用率，降低环境污染，改善生态环境，走绿色矿业发展的道路。

最后，可持续发展价值观有利于落实矿业生态文明建设的战略部署。我国矿业经济的高速发展表现出独特的活力与光彩，但同时也造成了矿业环境问题，例如，矿产资源在勘探和开采的过程中会剥离土壤和岩石、排放尾矿及"三废"等物质，会因采掘掏空矿体、疏干排水等引发山体开裂、滑坡、地面塌陷等地质灾害，并随着开采的深入，进一步破坏地下水位、污染矿区周围的大气、地表、水流和土壤环境等。矿业环境问题已成为一个社会问题，危害相关权利人的各项权益和发展。为了应对矿业环境问题，需要引入可持续发展的土地伦理观，开创一条能够永续发展的用地道路。古今中外无数的历史事实证明，坚持土地伦理观念的土地利用是矿业用地和社会可持续发展的基本保证，相反，土地伦理观念的缺失或错位必将导致生态灾难。在党的二十大报告中，习近平总书记明确指出，中国式现代化是人与自然和谐共生的现代化，尊重自然、顺应自然、保护自然是全面建设社会主义现代化国家的内在要求。为了实现这一目标，人类社会必须审慎管理现有的土地资源，提高用地效率，使矿业用地既能满足当代人矿业生产的基本需要，又不损害后代人长期用地发展的根本利益。

第三节　矿业用地法律规制的现实需要

我国正处于社会经济发展的重要转型时期，而当前矿业用地制度中供地方式单一、集体土地所有权益受限、矿区生态环境被破坏与污染、矿业用地流转不畅等问题严重，并有加剧的趋势。矿业用地诸多问题的产生，是矿业权人对土地的不当利用造成的，而更重要的原因是现行土地管理中对矿业用地的规定较少，不便于操作。因此，对矿业用地进行法律规制显得尤为必要且紧迫，并有助于我国土地资源的规范化管理和矿权市场的健康有序发展。

一、矿业用地法律规制的必要性

土地是民生之本，发展之基。解决中国的矿业用地问题始终是矿业经济发展进程中具有战略意义的重大实践问题。矿业用地的法律规制是由矿业用地的特征及其矿业用地的利用内容所决定的。中国矿业用地的问题往往集中在用地需求、土地利用效率和生态环境损害三个方面。矿业用地制度若要恰当地完成其职能，不仅要力求实现正义，而且还须致力于创造秩序，对矿业用地进行法律规制是实现该目标最好的手段和途径。

（一）矿业用地的法律规制有利于满足矿产开采中的用地需求

我国矿业用地不仅用地情况复杂，并且占地面积较大。一座大型矿山平均占地 18~20 hm²，小矿山至少也有几万平方米，据推算，我国每年因矿产资源的开发而占用的耕地面积为 98.6 万 hm²，占全国耕地总面积的 1.04%。[1]矿业企业的用地范围与规模通常受矿产资源埋藏深浅、储量大小、开采工艺等各种因素的影响。矿业企业

---

[1]　付梅臣，张建军，张兰兰.矿业用地集约节约利用与调控：以矿业城市武安市为例［J］.中国矿业，2007，16（11）：16–19.

主要以井工开采和露天开采两种方式进行作业，其中露天开采方式占地规模尤为巨大。例如，广西百色平果县铝土矿的最终采矿用地面积为 6 700 hm²，已占到整个平果县耕地总面积的 1/4；而地处黄土高原生态脆弱区的平朔露天矿，其最终采矿用地面积为 1.7 万 hm²；还有，内蒙古胜利露天矿的最终采矿用地面积竟然高达 3.42 万 hm²。[1]另外，全国的矿业企业因探矿、采矿、尾矿库、排石场等占用和破坏的土地约 300 多万 hm²，大致相当于两个北京市或一个海南省的面积，并且这个面积还在以每年约 3 万 hm² 的速度增长。[2]根据我国土地管理法规的现行规定，矿业用地属于建设用地的类型，一方面，当开采矿产资源占用农用地时，权利人必须按照法定程序办理农用地转用审批手续和征地审批手续；另一方面，土地行政管理部门为了控制耕地总量和保护耕地，限制新增建设用地的总量，对全国各地的农用地转用计划指标有明确的规定，但最终却造成农用地转用计划指标缺口较大。为此，很多矿业企业在不得已的情况下选择采取农用地租赁等非法的用地取得方式。

虽然我国的《矿产资源法》已经明确规定了采矿权人有使用土地的权利，但并未在矿产资源法体系内就如何取得土地使用权作出衔接性的规定。矿业权人按照土地管理法的规定，对于矿业开采占用农用地的，必须在符合土地利用总体规划的前提下，先终止原先土地使用权的法律关系，然后再由国家以土地征用的方式使之变为国有性质的土地，之后再出让或划拨给矿业权人。设计农用地转建设用地制度的良好初衷是控制耕地总量，合理规划全国的土地利用状况，但在这套土地管理的程序中土地征用的前提却是公共利益的需要，这在法律上存在逻辑问题。随着矿业经济的日益繁荣和矿业权流转的市场化，矿业权主体日益多元化，矿产资源的开采并不完全符合国家能源的战略安排，如此，公共利益就名存实亡了。若借公共利益之名而行商业利

---

［1］　郑学忠，郭春颖，张昭．矿业用地管理与改革探析［J］.中国矿业，2013，22（11）：46-49.
［2］　乔繁盛，栗欣．矿用土地改革势在必行［J］.中国矿业，2010，19（8）：9-11.

益之实，于理于法都行不通。依法取得和使用矿业用地是矿产资源开采的重要基础条件，是矿业企业正常运行的生命线。然而在前述情形下，矿业权人取得矿业用地的障碍却越来越大，这严重影响了矿业经济的持续发展。

我国矿业用地制度陷入现实困境的原因是多方面的，其中既有法律法规的不健全、行政执法的不严格，也有管理体制的缺陷与不足，要从根本上解决我国现行矿业用地需求难以满足的现实，是一项极为艰难的系统工程，这需要对矿产资源和土地资源的管理制度进行彻底的改革和法律建设。特别是，根据矿业用地的特点，以法治思维对矿业用地的管理进行制度优化和法律建设，从国家层面制定矿业用地的专项法律法规，或在修改《矿产资源法》时设立矿业用地的专项篇章，对我国《矿产资源法》和《土地管理法》中不适应现行矿业用地实践的管理规定进行清理和修订，这将为创新矿业用地供地方式，促进矿业用地有效流转等奠定法理基础。通过矿业用地的法律规制，加深矿业活动主体对矿业用地的法律认识，尤其是从法律关系的角度，明晰矿业用地使用权的主体、客体和内容，规范矿业用地使用权的取得方式、取得条件、取得程序，协调矿业权与土地使用权、环境权的冲突关系，完善矿业用地在退出和流转方面的法律设置，为破解矿业用地的供需矛盾创建有益的解决路径。

（二）矿业用地的法律规制有助于提升矿业开发中的土地利用效率

据统计，截至 2016 年底，长江经济带共有矿山 35 904 座，其中，小矿点 10 028 个、小型矿山 22 148 座、中型矿山 2 294 座、大型矿山 1 434 座。[1] 虽然我国有大量因矿业活动而被破坏的土地，但是矿业用地在被破坏前 70% 是耕地或其他农用地，若按照"因地制宜，

---

[1] 成金华，彭昕杰. 长江经济带矿产资源开发对生态环境的影响及对策［J］. 环境经济研究，2019，4（2）：125-134.

综合整治，宜耕则耕，宜林则林，宜草则草，宜渔则渔"的原则进行复垦利用，则约有 60% 以上的废弃地可以复垦为耕地，30% 的废弃地可以复垦为其他农用地。我国复垦土地的潜力巨大，对复垦土地再利用本属于土地权利人的应有之义。然而，我国现行的矿区土地复垦率仅为 12%，仍有近 90% 的损毁地未能得到及时复垦与再利用，由此导致矿区囤积了大量的废弃土地。[1]另外，矿业企业即便经过土地复垦，对矿业用地进行了生态重建和治理，但由于我国矿业用地的退出路径不健全，且土地行政管理部门缺乏对复垦土地的有效管理与再分配，矿业用地还是长期面临退出机制不畅与再利用效率低下的尴尬困境。矿业损毁地的闲置和荒废严重违反了土地资源集约利用的原则。用法律手段对矿业用地的复垦和退出等进行制度设计，是破解土地利用瓶颈、增强土地资源保障能力、促进可持续发展的重要途径。

矿业废弃地是矿产资源开采的伴生产物，矿业废弃地的大量出现引起了一系列的生态、环境、社会、经济问题，是国际社会当前普遍关注的重大问题，已成为环境保护与经济发展的焦点。[2]矿业废弃地可以简单地看成因选矿、采矿、炼矿而被破坏或污染的土地；矿业复垦地是被矿业权人或相关复垦人进行生态重建或生态治理的矿业用地。矿业开发中土地利用效率提升的重要方式是对矿业废弃地和矿业复垦地的再利用，也是对矿业用地优化配置目标提出的基本要求。矿业废弃地和矿业复垦地再利用的目标是通过土地的整合、流转对该项土地进行优化配置，即在矿业废弃地的复垦利用过程中，在考虑各类用地需求、土地的地理情况、资金投入能力等有限的资源条件下，通过比较选择出合适的复垦方案，确定出适合该区域未来发展目标的最为合理的土地利用比例关系和空间布局，并把土地资

[1] 张蜀榆.矿业用地退出机制研究[D].北京：中国地质大学，2012.
[2] 束文圣，张志权，蓝崇钰.中国矿业废弃地的复垦对策研究（Ⅰ）[J].生态科学，2000，19（2）：24-29.

源的有限分配与用途需求结合起来考虑，在微观上与其他资源重组，以实现生态、经济和社会效益的最优组合。[1]总之，提升矿业用地的利用效率，最终把矿业废弃地、复垦地的再利用和生态文明建设、建设用地指标置换、耕地保护等相结合，从而实现矿业活动中的土地集约节约利用和矿业经济持续发展。

矿业用地是联系矿业经济、矿区居民、矿区环境等各种要素的自然综合体。我国的法律法规目前还没有对矿业用地进行明确的界定，而且矿产开发活动本身相对复杂，既有井工开采，又有露天开采；既有矿区用地，又有生活、设施及配套用地；既有临时性建筑，又有永久性建筑，对类似矿区工业广场、采矿区土地、矿区居民生活用地等是全部属于还是部分属于矿业用地的问题还存在争议。土地的利用方式科学、有效、合理是土地可持续利用的重要保障。因此，借助法律定纷止争的效用，对矿业用地的管理进行法治建设有助于改善矿业用地规定过于原则、缺乏可操作性的现状。随着矿业经济的快速发展、矿业用地缺口的不断增大，矿区生态环境的保护和治理将面临更大的压力。矿业用地的复垦、环境治理、退出等制度的建立，是矿业用地法律规制的重要体现。在矿业用地管理中，对这三项制度的研究与应用，不仅是对土地集约节约利用方式的具体操作规范，也是矿业用地优化配置的制度规范。

（三）矿业用地的法律规制有益于修正矿业开发中的环境代价

矿业用地，是因为矿产的发现、开发而经济价值倍增，且矿业活动在土地利用中占主导地位的土地类型。然而，在矿业开发活动利用土地价值带来财富和活力的同时，也不可避免地产生了各类生态破坏。俄罗斯学者佩富斯涅尔在《矿业生态学》中做过各工业部门对环境影响程度的对比研究，他认为各生产部门对大气、地表、

---

[1] 付浩,崔玉朝,奚新丽.GIS 在矿区复垦土地相关模型中的耦合应用[J].矿业工程,2009,7(2):
57-59.

动植物、地表水、地下水、地下资源等生物圈各要素的破坏程度的
递增顺序为：运输业、造纸业、建筑业、热电业、冶金业、化工业、
采掘业，其中，采掘业对生物圈各要素的破坏程度远高于其他六个
部门。[1]目前，我国矿业用地的环境问题十分严重，如采矿活动产
生的"三废"，一方面给矿区周边的企业和居民带来了一系列的危
害，另一方面也严重阻碍了矿业经济及土地利用的可持续发展。目
前，我国矿产开发中的挖损、压占、塌陷等行为造成的废弃土地高
达2亿亩左右，约占全国耕地总面积的10%以上，而全国土地复垦
率仅为15%左右。另外，与矿业企业取得的巨大利润相比，矿产资
源开发所造成的生态环境损失具有长期性、间接性、社会性等特征，
这使人们对其造成的生态环境破坏与影响程度难以做到准确、全面、
客观地评价。目前，矿业企业对矿业用地的利用，普遍存在浪费和
短视的情形，这不但加剧了矿区生态环境的恶化，也进一步影响了
矿区经济的稳定与持续发展。

矿产资源开发的环境代价是指因矿产资源的开采而引起的环境
污染、生态破坏产生的经济损失及为环境管理、维护、治理恢复而承
担的成本之和。[2]环境是一种资源，也具有价值。环境污染和生态
破坏是环境价值消耗最主要的两种表现形式，在矿产资源开发中对环
境代价的核算实际上就是把消耗的环境价值进行货币化的过程，环境
代价作为环境治理的成本独立存在并具有重要意义。联合国统计局
（UNSO）在1993年发布的《环境与经济综合核算体系》中，将环境
成本归纳为两个方面：一是因生态资源总量的损耗和质量的下降而导
致生态资源总价值的减少；二是环保及生态治理方面的实际支出，即
为了防止环境污染而发生的各种费用和为了改善环境、恢复生态资源
的数量或质量而产生的各种支出。[3]随着经济社会的发展，人类的

[1] 梁若皓.矿产资源开发与生态环境协调机制研究［D］.北京：中国地质大学，2009：13.
[2] 吴强.矿产资源开发环境代价及实证研究［D］.北京：中国地质大学，2009：20.
[3] 黄强叶.旅游环境成本的经济学诠释［J］.生态经济，2011，27（4）：130-133.

矿产开发活动对自然资源消耗速度的加快、对矿区环境污染的加剧、对生态破坏的加重，人们对环境代价的认知也愈发深刻。例如，土地是生态环境极其重要的组成部分，很多物种及生命都依赖土地而生存，当矿业活动改变土地形态及其生态系统的稳定时，土地的生态环境价值也受到严重的损害。因此，生态环境价值理论是矿业开发中的环境代价评估机制的理论支撑，唯有承认生态环境具有生态价值，环境代价的评估才具有现实意义，进而才能从经济、法律、行政上促进环境的保护和生态的治理。

过去，中国矿业经济的繁荣与发展建立在对环境和资源免费、低价利用的基础上，是以自然资源的毁灭性开发、生态破坏、环境污染为代价的。原有矿业经济的运行模式得不到有效遏制，将导致矿区生态系统的失衡，并最终引发社会经济恶性发展的连锁反应。矿业活动对环境的严重污染和破坏，是矿产资源所有权绝对化、土地使用权不受限制的契约自由的结果，是私权自治的产物。政府作为监督和管理矿产、土地资源的唯一主体，肩负着为全体国民提供良好生态环境的重任，因此必须通过法律和政策限制私人权利，防止权力滥用。土地作为矿业权人开采矿产资源的唯一载体，借助矿业用地的法律规制能在很大程度上有效地限制矿业权人的私权行使效果。因此，土地行政管理部门通过制定和实施专项矿业用地法律法规，根据公共利益的需要，依靠公权力限制私权利，干预矿业行为，以减少矿业开发中环境代价的产生。总之，开发利用矿产资源的根本目的不仅是满足人民不断增长的物质生产需要，更是让人民享有良好生活品质的保障。对矿业开发中的环境代价进行研究，以法律法规的制定为手段，可以从根本上遏制矿区环境与生态的持续恶化，最终建立起系统的、完善的矿产资源开发利用与生态环境协调的机制体制。

二、矿业用地法律规制的理论基础

（一）土地产权理论

"产权"[1]通常是指一定主体对财产的权利及其权利体系，体现了权利主体通过权利行使行为而形成的权利关系。[2]美国芝加哥大学教授 R. H. 科斯（R. H. Coase）在 1960 年发表的《社会成本问题》中提出的现代产权理论，成为西方产权理论发展的重要标志。他指出，通过产权分析的方式可以有效地解决外部效应问题，并使资源配置达到帕累托最优的状态。西方学者普遍认为，产权制度的萌芽与发展是基于资源具有稀缺性的特征。从一定程度上讲，资源的稀缺性是所有产权经济研究的前提和基础。由于矿产资源具有稀缺性和不可再生性且依附于土地而存在，矿业用地也逐渐演化成一种极其珍贵的稀缺资源。对稀缺资源的占有和争夺是人类本能的需要，因此而造成的矿业用地利用矛盾和冲突必须被限制和约束，否则矿业用地将处于浪费、破坏、无序利用的循环状态之中。

土地产权理论是用经济学方法研究矿业用地外部性问题起因的重要思路。矿业活动及对矿业用地利用过程中带来的环境问题，正是矿业经济活动外部不经济性的具体体现。因此，矿业用地的现实问题是土地产权理论研究的起点和重要的应用领域。土地产权理论主要研究的是土地的所有权及物权体系，以降低或消除市场交易中因外部影响产生的社会费用，提高土地流转的效率，改善土地资源的配置，最终促进社会经济的健康稳定增长。另外，矿业用地产权应理解为广义的权能体系，即由矿业用地终极所有权及所有权衍生出来的占有权、使用权、处分权、收益权、出租权、转让权、抵押权等权能组成的权利束。土地产权理论对指导矿业用地的利用与保护起激励作用，并对矿业用

---

[1]　学界对产权概念的理解受英美财产法和美国产权经济学的影响较大。

[2]　杨维兴，关凤峻，等.矿业权与土地使用权制度比较研究［M］.北京：科学普及出版社，2006：26-28.

地的可持续发展与集约节约利用有重大的理论意义。

我国的土地制度体系长期以来呈现城乡二元分割的基本格局，并得到了宪法、民法、土地管理法等法律制度的规制。现阶段的土地产权制度对经济社会的发展也起过巨大的激励作用。正如道格拉斯·诺斯指出的，制度之所以能够起到促进社会经济运行效率的明显效果，是因为制度在减少市场交易费用上发挥了重要作用。[1]具体而言，我国土地所有权的主体主要为国家和集体，由此派生出国家所有性质和集体所有性质的土地使用权。矿业用地涉及国有性质的土地时，只要按照国有土地出让和转让的相关法律规定办理即可，但涉及集体土地性质时，目前只能通过土地性质转变的方式先将集体土地征收为国有土地，再按照国有土地的操作程序办理。从法理上讲，国有土地和集体土地所有权的主体地位应当是平等且独立的，权利主体对各自所有的土地应当充分享有占有、使用、收益和处分的权利，但我国集体土地所有权实际上是一种权能残缺的"不完全所有权"。

我国的城乡二元土地产权体系就是以二元土地所有权类型为基础，以土地的二元使用与征用制度为主要内容，以土地的行政垄断为基本特征，辅以土地供应双轨制的土地交易方式与价格。[2]我国土地产权的管理制度应当向符合社会发展需要和实现社会总体福利的方向努力变革。

（二）生命周期理论

"生命周期"的概念最早出现于生物学领域，是指具有生命现象的有机体从出生、成长、成熟、衰老直至死亡的整个活动过程。[3]1982年高尔特（Gort）和克列伯（Klepper）发表了数十篇关于产业生命周

---

[1]　NORTH D C. Institutions, Institutional Change And Economic Performance [M]. Cambridge: Cambridge University Press, 1990: 6-8.

[2]　何立胜.我国城乡二元土地产权特性与农民土地权益的制度保障[J].贵州社会科学，2011（10）：45-51.

[3]　张会恒.论产业生命周期理论[J].财贸研究，2004，15（6）：7-11.

期的论文，标志着生命周期理论在产业上的发展与应用。[1] 由于受矿产资源储量分布、地形地貌、赋存条件等自然因素和矿区交通运输、材料设备、水电等社会因素的影响，矿区在开发建设和发展过程中都会经历类似生命周期状态的起步期、成长期、成熟期和衰退期四个阶段。矿业权人在生产和发展过程中对矿业用地的需求程度和利用方式不尽相同，同样会表现出由诞生、成长到成熟、最终走向衰亡的周期性现象。

第一，起步期。矿业用地的起步期主要是指矿业权人的地质勘探和基础建设阶段。在地质勘探阶段，矿业权人主要从事钻探、勘测等勘查活动，用地时间较短，一般不会超过 3 年。矿业权人在地质勘探阶段不会对土地造成严重的毁损，并且在勘探结束后可立即组织相关人员进行土地的复垦工作。在基础建设阶段，矿业权人主要从事排土场、矿区工业场地、居民生活区等附属设施的建设。矿业权人在基础建设时期开始根据需要对相关用地进行改造，是一种不可逆的土地毁损形式。

第二，成长期。矿业用地的成长期主要是指矿业权人的投产至达产阶段。在矿业用地的成长阶段，矿业企业开始高速发展并根据矿产资源的赋存条件，以不同的方式开始开采矿产资源。矿业权人在这一时期的矿业用地数量呈明显的上升趋势，由于矿物的矸石和剥离的废弃物等开始压占土地，矿区生态环境问题也逐步显现，矿区的生态系统开始退化，环境污染逐渐加剧，矿区居民的生活品质逐年下降。

第三，成熟期。矿业用地的成熟期主要是指矿业权人达产后的稳定阶段。在这一阶段，矿业权人对矿产资源的开采达到顶峰，同时对矿区土地的挖损和压占也达到最大值。由于矿业权人长期的矿业生产活动，矿区的大量土地遭到破坏，出现地表塌陷、水土流失、环境污染加剧、开采条件恶化等现象。矿区的生态环境治理已成为影响矿区

[1]　GORT M, KLEPPER S. Time Paths in the Diffusion of Product Innovations [J] .The Economic Journal, 1982, 92（367）：630-653.

社会、经济发展的主要因素。矿业权人在矿业用地的经济发展与生态保护上的矛盾异常突出。

第四，衰退期。矿业用地的衰退期主要是指矿业权人对矿产资源的开采量减至耗竭、报废的阶段。在这一阶段，矿业用地伴随着矿产资源的衰竭而逐渐退出矿业生产领域，这标志着矿业用地生命周期的完全结束。但是，矿业权人可通过土地复垦、生态恢复、生态重建等治理活动对土地进行循环再利用。总之，矿区的起步、成长、成熟、衰退过程直接影响着矿业用地的准入、使用、退出和再利用的整个活动过程。

（三）生态补偿理论

生态补偿是指生态产品或服务的受益者基于对生态利益的享有而向生态产品、服务的提供者所给予的经济性补偿，是对人类活动所产生的生态环境的正外部性所给予的经济性补偿。[1]伴随着矿产资源的开采，矿业权人在矿业用地利用中暴露出的环境污染、生态退化与地质灾害等一系列生态环境问题，已经成为激化矿区社会、经济和生态环境矛盾的导火索。虽然矿产资源的开发和利用长期对经济的发展起着巨大的推动作用，但随着人类珍爱自然、保护环境意识的逐步提高，矿业活动用地中的"非环保、非生态"行为成为首先被规制的对象。而且，生态补偿机制的最大作用是将影响生态环境行为的外部成本内部化，进而保护整个自然环境，是协调经济发展与生态环境利益相关主体间关系的制度性安排。[2]基于此，针对矿业权人在矿业用地利用过程中的环境损害行为，各国普遍在有关矿业开发的政策、法律、法规中明确规定了矿产资源的生态补偿制度，通过采取各种措施对矿产资源进行生态补偿或修正，从而保证和维

---

[1] 曹明德.矿产资源生态补偿法律制度之探究 [J].法商研究，2007，24（2）：17-24.

[2] LI W H, LI F, LI S D, et al. The Status and Prospect of Forest Ecological Benefit Compensation[J]. Journal of Natural Resources，2006，21（5）：677-688.

持矿区的整体环境质量和水准。

矿业权人开采矿产资源的行为是典型的生态破坏和环境污染活动，势必会影响特定区域内社会成员对生态利益的享有和实现。生态利益是社会成员在生态环境中获取的维持生存和发展的各种益处[1]，社会成员享有其应有的生态利益是其基本的生存诉求和价值抉择。而设立矿产资源的生态补偿机制便是针对特定主体之间因生态利益的相对增进或减损而进行补偿的制度安排。矿产资源的生态补偿来源于生态补偿理论，是指为恢复、治理、校正因矿业权人开采矿产资源的行为和活动，造成矿区周边自然资源耗竭、生态环境污染、矿业城市丧失可持续发展机会而进行的资金扶持、财政补贴、税收减免及政策优惠等一系列活动的总称。[2]矿产资源的生态补偿既是保护矿区生态环境的有效激励机制，又是矿业用地过程中生态负外部性的法律治理手段。

矿业权人在矿产资源的开采、利用过程中借助生态补偿理念，使矿业活动不仅仅是社会成员通过投资获取利润回报或获得就业途径的重要方式，更是一项使矿业投资者获益和生态受损者得到补偿同时实现的重大社会活动。生态补偿方式主要包括现金补偿、实物补偿、政策补偿、项目补偿、绿色补偿等。针对矿业用地的特殊性，对其生态补偿时应该考量两方面的情形：一方面，矿产资源的开采利用造成矿业用地及其周围生态环境的现实污染和破坏。这是矿业企业对生态利益受损者进行补偿的基本依据，其实质是矿业企业经济利益和矿区居民生态利益衡平的内在要求。另一方面，矿业用地及其周围生态环境的污染和破坏，导致矿区居民及其后代人丧失生存或发展的机会。这是矿区居民实现生态正义价值的具体要求，体现着不同地区、不同群体之间享有生态利益的平等权利。

---

[1] 黄锡生，任洪涛.生态利益公平分享的法律制度探析［J］.内蒙古社会科学（汉文版），2013，34（4）：75-79.

[2] 黄锡生.矿产资源生态补偿制度探究［J］.现代法学，2006，28（6）：122-127.

第二章　中国矿业用地法律制度的历史演进

历史是一面镜子，我们解决矿业用地的现实问题，有必要通过回顾和研究其历史演变来把握其发展脉络，以期从中得到有益的启示。正如列宁所言："为了解决社会科学问题，为了获得正确处理这个问题的方法和技巧，而不被一堆细枝末节或各种争执意见所影响，为了用科学的视角去观察、解析这个问题，最可靠、最必需、最重要的办法就是不要忽略基本的历史联系，考察每个问题时都要透过某种现象看其在历史中的产生背景，在发展中经历过的主要阶段，并根据它的这种发展去考察这一事物现在的状况。"[1]法律制度是统治阶级为维护和实现本阶级特定利益而制定的，因而不同时期矿业用地的法律制度也反映了统治阶级对工矿用地的管理思维和管理方式。因此，对我国矿业用地法律制度的历史进行梳理和分析，有助于认识和理解我国矿业用地现实问题产生的制度根源。所以，为了完善与健全我国的矿业用地管理制度，必须对矿业用地管理制度作出历史与现实的考察与评判。

---

[1]　中共中央马克思恩格斯列宁斯大林著作编译局.列宁选集: 第4卷 [M].2版.北京: 人民出版社，1972: 43-44.

第一节 我国古代矿业用地法律制度

自古以来，我国就是一个幅员辽阔、矿藏丰富、历史悠久的国家，矿业经济的兴衰始终贯穿在五千年的文明史中。我国古代历朝历代的矿业管理都围绕着两方面内容，即对矿产实行禁采原则还是开放原则，办矿方式采取民间办矿还是官府办矿。在中国古代社会，矿业政策是伴随社会经济的发展及对矿业的需求而变化的，在很大程度上体现着封建统治者的意志和利益。

一、我国古代矿业用地法律制度的基本脉络

我国古代的矿业政策，最早见于先秦时期。关于我国古代矿业政策记载的典籍主要有周公旦所著的《周礼》、管仲所著的《管子》、韩非著作总集《韩非子》和司马迁所著的《史记》等。诸多经典著作均对先秦到汉代时期的矿业政策有所介绍和记述。在《周礼·地官司徒第二·大司徒》一篇中便有关于地学和国土管理的内容及其制度的详细记载，如其规定"大司徒之职"就是"掌建邦之土地之图与其人民之数，以佐王安抚邦国"；在《周礼·地官司徒第二·叙官》一篇中记载了关于矿业职能的管理机构，如其规定"卝人，中士二人、下士四人、府二人、史二人、胥四人、徒四十人"，这是当时负责矿产资源管理的行政机构，具体职责是"掌金玉锡石之地，而为之厉禁以守之。若以时取之，则物其地图而授之，巡其禁令"。又如，在《管子·海王》中记载了齐国实施的"官山海"政策，主张既要减轻人员的赋税，又要增加国家的财政收入，"唯官山海为可耳"。所谓"官山海"是指由国家政权控制和管理山林川泽和沿海资源的政策，重点是矿产和盐业由国家专营。《管子》中还记录了一些关于矿业的禁令，如《管子·地数》一篇中记述，"苟山之见荣者，谨封而为禁。有动封山者，罪死而不赦。有犯令者，左足入、左足断；右足入，右足断"。可见，

这一时期关于矿业的法令是十分严厉的。

再到以后的秦汉、魏晋南北朝、隋唐等时期，各朝也主要实行"官山海"的矿业政策，即盐铁官营，并逐步涉及铜、金、银等矿种的官营。对于其他矿种，各朝的矿业管理政策是时开时禁，禁止时期只能由官府开采矿产，开放时期则允许民间开采而官府收税。例如，秦朝时期，"然秦惠文、始皇克定六国，辄徙其豪侠于蜀，资我丰土。家有盐铜之利，户专山川之材，居给人足，以富相尚"。可见秦朝采取的是官营民采、收取税收的矿业政策。汉代的矿业政策各时期有所不同，汉高祖和武帝元狩年间、永光三年及东汉建武至章和元年，均实行盐铁专营政策；惠帝、吕后时期，文帝、元帝初元及和帝永光时期，则实行盐铁放开政策，任民采取。[1]

宋代的矿业经济在我国古代矿业发展中具有代表性。宋代规定金、银、铜、铁、铅、锡等重要矿产资源属于国家所有，百姓不得私自经营开采。如果百姓在私人土地上发现了前述重要矿产资源，政府的政策是"（产金之地）产地主占护，即委知州差人淘沙得金，不计多少，立纳官，更不支钱"，"应地主如少人工淘取，许私下商量地步断，赁与人淘沙得金，令赴官场中卖"。宋哲宗时期，政府又进一步取消了原土地所有者将土地转租他人的权利，从而使土地所有权人因达不到承买的资金实力而失去经营土地的权利。官府规定，"应金、银、铜、铅、锡兴发不堪置场官监，依条立年额课利，召人承买，而地主诉其骚扰。请先问地主，如愿承买，检估己业抵当及所出课额利钱数已上，即行给付；如不愿、或已业抵挡不及，即依本条施行"。[2] 宋代的矿业机构非常完备，有监、务、场、坑、冶等，分别负责监管、收税、收购、采矿、冶炼等，主管矿业的机构为工部，并且在工部下设虞部郎中，其职责是掌管山泽范围场冶之事。[3]另外，宋朝对

［1］　傅英．中国矿业法制史［M］．北京：中国大地出版社，2001：7.
［2］　王菱菱．宋代矿冶业研究［M］．保定：河北大学出版社，2005：343-344.
［3］　傅英．中国矿业法制史［M］．北京：中国大地出版社，2001：11.

矿业管理官员的考核极为重视，并逐步建立了一套完备的奖惩制度。矿业管理的专职监官或兼职之官，只要在其任期内做到兴置矿场有功、开采治理有方、提升产量明显等政绩，朝廷都会对其升职或奖励；一旦出现管理失职、贪污腐败等情形，便会依情节轻重对相应官员给予降职、除名、没收家财，甚至科以刑律等处罚。例如，宋太祖开宝元年（968 年），因原管辖凤州七房冶的主吏盗隐官银，改由周渭主管，周渭上任仅一年就增收银课数倍，由于这一出色的治绩，周渭被"赐绯鱼，又迁知棣州"。

元朝虽然是中国历史上第一个由少数民族建立并统治中国全境的封建王朝，但在包括矿业管理的行政建制上却仿效汉法，因此矿业政策和前朝并无太大区别。明朝的矿业政策也基本是承袭旧制，无鲜明的特色可述。

清朝的矿业法制史较为特殊，以 1840 年为界，一分为二，前部分属于中国古代矿业法制时期，后部分属于中国近代矿业法制时期。在 1840 年鸦片战争爆发前，中国一直是一个独立、统一的中央集权的封建国家。皇帝在其统治的版图内终生拥有至高无上的权力，并以颁发诏书或者批准奏章为主要方式管理国家事务。清政府这一时期的矿业活动管理也主要限于这两种方式。但是，清政府对矿业开采活动的管理政策是由禁止到逐渐放开的。在清朝初期的 40 年间，清政府吸取明朝后期社会底层人民经常因反对矿监税监而爆发起义、斗争的历史教训，采取严格的矿业禁采政策。例如，康熙四十三年（1704 年）有谕："开采之事，甚无益于地方，嗣后有请开采者，悉不准行。"[1] 还有，雍正末年（1735 年）曾御批"广东开采一事，十数年来，内外臣工奏请者甚多，朕悉未准行"。而从乾隆时期开始，社会经济的快速发展对矿产的需求也与日俱增，清政府对矿产开采采取了比较开明的管理政策，如乾隆四年（1739 年）曾批示："银

[1] 昆冈，李鸿章，等.钦定大清会典事例［M］//骆云，李文渊.论晚清矿产资源法律制度变革［J］.北方论丛，2012（6）：150–154.

亦多天地间自然之利,可以便民,何必封禁乎?"[1]乾隆八年(1743年)又批示,"该处既有金矿发现,乃因此而荒弃其山,亦未免因噎废食"。[2]诏书和奏章更多的是体现皇帝和朝臣们的意志,对矿业管理来说,可谓是朝令夕改,缺少法律制度所必备的稳定性和权威性。后来,清政府决定制定矿务章程,也是通过谕令的方式命令张之洞在光绪二十八年(1902年)着手采集并翻译各国矿律,拟订初稿并斟酌修稿。面对西方列强对矿产资源的疯狂掠夺,清政府不得不正视现实,以图对矿业管理维新变革,比如光绪帝发布诏令,"况近来地利日兴,商务日广,如矿律、路律、商律等类,皆应妥议专条。著各出使大臣,查取各国通行律例,咨送外务部"。[3]

二、我国古代矿业用地法律制度的经验启示

矿业是我国古代封建经济的重要组成部分,制定矿业政策主要是为了维护和保障统治阶级的利益,历朝历代的矿业用地均受到统治者的严格管制。纵观我国古代矿业发展的历史,总体上来说,矿业活动经历了由认识的不自觉到比较自觉,由单一到多元、由低级到高级的发展过程。

第一,制定矿业管理政策,但宽严不一,且稳定性不足。在西周至清朝两千多年的历史时期里,中央统治阶级不同程度、反反复复地制定过一系列"开采"或"禁止""官采"或"民采"的矿业政策。总之,"时禁时开"的采矿政策几乎在各朝各代都有所制定,但主要遵循的是"官督民采,共享矿利"的矿业政策。历朝制定矿业开采或禁止的政策,客观上取决于当时的社会经济条件和水平,实践中是由

[1] 孔昭明.清高宗实录(卷九十九)[M]//骆云,李文渊.论晚清矿产资源法律制度变革[J].北方论丛,2012(6):150-154.
[2] 孔昭明.清高宗实录(卷九二三)[M]//骆云,李文渊.论晚清矿产资源法律制度变革[J].北方论丛,2012(6):150-154.
[3] 孔昭明.清德宗实录选辑[M].新北:大通书局,1984:86.

于政府财政困难而支持矿业开发，或考量矿业开发会影响环境、劳民伤财、有聚众滋事之忧而全面禁止。由于各种矿产品在国计民生中充当的角色不同，因此禁采何种矿产则主要取决于社会生活中的货币、农具、生活用具、兵器制造等供求因素。而何时官采或民采，则取决于历朝历代当时的经济发展水平和开放程度。另外，在矿业管理方面，历朝历代除各级行政官员负责外，多设立专门的矿政机构，并派员到各地巡查。我国古代的矿业政策始终伴随着社会经济的发展和国家对矿业需求的程度而发展变化，从一定意义上来说体现了当时的经济发展阶段和矿业发展水平。

第二，构建矿业管理制度，但零碎，系统性不足。由于中国古代社会生产力的局限，矿业被视为一种朴素的手工业，几千年来一直保持传统的开采方式，始终没有形成现代意义上的矿业权制度，更没有建立关于矿业管理的完备而系统的法制体系。例如，历朝历代的矿业政策多以皇帝诏书、谕令、朝臣奏章等形式来发布，在很大程度上体现了皇帝及统治阶级的意志，随意性很大，也很难形成矿业管理制度体系。各朝矿业管理或矿场管理的行政机构的设置有专职机构也有兼管机构，如周朝与战国时期设置"卝人"，秦汉设盐铁官，唐朝设盐铁使，宋朝设工部和下属虞部郎中、坑冶司及监、务、场等。随着朝代的更替，矿业管理机构也不断变迁，各项关于矿业管理的设置及规定很难整合成一个系统性的管理制度。又如在矿税收取方面，秦汉至明清时期收取的矿税多数为矿业产量的十分之一至二十分之一，宋、元、明时期采取按年收税的办法，又称"岁课"，其他时期采取不定期收税的方式。

第三，矿业用地制度较少涉及，管理内容的完备性不足。虽然我国古代对矿业管理机构、矿业开采规定、矿业税赋等均有所规范，但矿业用地作为矿业管理的重要内容，对这方面的记述却较为鲜见。这体现了我国古代矿业管理内容的残缺与不完备。究其原因，一方面，是因为我国古代皇帝的"家天下"观念，以及统治阶级依靠国家政权将各种资源据为已有，世代相袭的制度安排。我国历朝历代都是绝大部分土地归统治阶级所有，统治阶级理所当然地认为矿产资源也归其所有，底层百姓只是开采矿产的工具而已，在自己的土地上开采矿产，只需设置相应的管理机构，无须考虑关于矿业用地方面的内容。另一方面，是因为古代的社会生产经济水平低下，统治阶级还没有认识到矿产资源和土地资源属于两种不同的自然资源，矿产是赋存于土地之中的另一种物质形式，土地是矿产赋存的重要载体，统治阶级并没有将土地管理和矿业管理清晰地界定出来，造成了管理内容混乱的现实。

第二节 我国近代矿业用地法律制度

近年来，国内学者认识到，清末法制改革在我国法制现代化过程中起到了不可替代的作用。清末的矿业法制变革具有双重性质：既是封建统治阶级为了挽救行将崩溃的封建帝国的专制统治而进行的一场法制改良运动，又是在近代西方法律文化影响下所实施的一次法律制度的改造工程。[1]

一、我国近代矿业用地法律制度的基本脉络

清末，我国矿业立法得到了迅速发展，对矿业活动进行规制和管理主要通过皇帝的诏书、大臣的奏章、中外条约和相关的矿务章程等方式进行。其中，矿务章程对矿业用地内容的涉及最为显著，从 1898 到 1910 年的十多年时间里，各种矿务章程的体系及内容由笼统到条分缕析，内容甚至包括与民事、劳动和行政相关的规范，成为初具近

---

[1] 骆云，李文渊.论晚清矿产资源法律制度变革［J］.北方论丛，2012（6）：150-154.

代意义的单行法样式，从这一意义上来说，清末的矿产资源管理制度有了较大的发展和进步。

（一）清末关于矿业用地法律制度的规定

1.中外谈判条约

自鸦片战争之后，西方列强用坚船利炮打开了中国的国门，强迫清政府与西方列强签订了一系列丧权辱国的不平等条约，矿业开采作为重要的商业活动在这些条约之中被反复提及。例如，1869年的《中英新定条约》规定，"由中国酌定江苏句容、江西乐平和台湾基隆三处开采，中国可以雇佣洋人帮工及租买机器"。[1]该条约虽然赋予了外国人在华享有开办矿权的权利，但由于英国商业团体联合竭力反对，英国政府被迫于1870年7月25日宣布拒绝批准该条约，致使该条约并未生效，清政府唯有按照原有的已不适应社会发展的矿业政策继续执行。

在甲午战争之后，西方列强凭借与中国签订的各种不平等条约强迫清政府同意其投资设厂，外资以势不可挡之态闯入了中国的矿业开采活动。自1896年，美国率先强迫和清政府"合办"门头沟煤矿之后，其他列强纷纷效尤，迫使清政府与其签订大量的"矿务"合同，以进一步攫取在中国的矿山投资权和开采权。[2]清政府为了最大限度地限制和减少西方列强对中国矿产资源的掠夺，开始采取与外商联合开设矿厂的变通方式。但此举并未得到清朝名臣张之洞的肯定和认同，他认为，"中国各矿，若无洋人合股代开，既无精矿学之良师，又无数百万之巨本，断不能开出佳矿"。[3]1898年的中德《胶澳租借条约》是中国丧失采矿权的开端，该条约规定，"于所开各道铁路附近之处，相距三十里内……允准德商开挖煤斤等项及须办工程各事，亦可德商、

---

[1] 汪敬虞.中国近代经济史1895–1927：上册［M］.北京：经济管理出版社，2007：3，4.

[2] 李侃，李时岳，李德征，等.中国近代史［M］.4版.北京：中华书局，2004：226.

[3] 张之洞.张文襄公全集：影印本［M］.北京：中国书店，1990.

华商合股开采，其矿务章程，亦应另行妥议"。[1]

另外，从张之洞主稿的《江楚会奏变法三折》中可以看出，各国列强染指中国矿权的欲望尤为强烈，他提出"中国应制定矿律，以进一步规范政府对矿业的管理，使中国自然之大利不至为中国无穷之大害"，主张"广泛采择各国有关条例，制定一部适合中国国情的矿业法规"。[2]据不完全统计，截至 1911 年清政府灭亡前，西方列强通过威逼、利诱、恐吓、投资等手段强迫清政府让与矿产开采权的矿区多达 42 宗，矿种包括金、银、煤、铁、锑、铅、云母、石油等矿产资源，涉及的矿区地域遍及我国 19 个省份和地区。[3]

清政府与西方列强签订的不平等条约属于国际法范畴，是清政府积贫积弱和弱国无外交的现实产物。虽然西方列强在我国追逐矿业利益的过程中，把欧洲相关的矿业科技成果、资本主义生产方式、人文精神及法律制度等不自觉地传入了中国，但这些不平等条约使中国大量的矿权落入西方列强之手，腐朽而衰弱的清政府除了履行条约别无他法，对矿业毫无自主之权，这给中华民族带来了深重的灾难。面对西方列强对中国矿业长期的压榨和掠夺，各省纷纷抗议并发起了收回矿权的护国运动。

2. 相关矿务章程

鸦片战争后，西方列强通过不平等条约对中国的矿产资源进行疯狂攫取，清政府逐渐意识到矿权的重要性，为改变落后的经济状况，清政府开始倡导矿山开采并制定相关矿务条例。比如，1898 年，清政府为了对矿务投资进行规范管理，制定并颁布了我国首部矿业成文法，即《矿务铁路公共章程》。该章程共计 22 条，但由于条款粗疏且出台仓促，许多条款对外商的矿务投资并没有起到实际的约束

[1] 王铁崖.中外旧约章汇编：第 1 册［M］.北京：三联出版社，1957：739，740.

[2] 吴剑杰.张之洞的升迁之路［M］.武汉：湖北人民出版社，2005：171.

[3] 汪敬虞.中国近代工业史资料 1895—1914 第 2 辑：上册［M］.北京：科学出版社，1957：34，35.

作用。另外，清政府还分别于1902年、1904年和1905年颁布了《筹办矿务章程》《矿务暂行章程》和《矿政调查局章程》。1907年，清政府考虑到大清律例"非参酌适中，不能推行尽善。况近来地利日兴，商务日广，如矿律、路律、商律等，皆应妥议专条。著各出使大臣查取各国通行律例，咨送外务部。并著责成袁世凯、刘坤一、张之洞，慎选熟悉中西律例者，保送数员来京，听候简派、开馆编纂，请旨审定颁发"。[1]

清政府制定的《大清矿务章程》是我国矿业体系化立法的重要里程碑。该章程共有正章74条，附章73条，是一部与国际接轨、专门针对矿业制定的国家层面的法规。该章程不乏对矿业用地的详细规定。其一，矿权与矿业用地使用权相分离。该章程首次将地权进行细化，并明确提出地面和地腹的概念，"凡有矿质各地应分为两层。第一层指地面而言，其厚至业主平日所用之深处，以耕种筑造，并其他土工所及不关于矿务者为限；第二层指地腹而言，即第一层之下，其厚所及之深处并无限制"。地面与地腹概念的界定实质上是矿业权与矿业用地使用权的分离。同时，章程规定探矿用地需要得到地表土地权利人的同意，"凡公地，并非官家留作别用者，及与地方毫无关碍者，准领勘矿执照之人，在界内履勘第十一款乙丙字下所列之矿质，如开坑验矿，其深阔处均不得过中国官尺三十尺，惟在勘矿执照期限之内，若须用钻石打钻验矿者，其深处则不能预定限制，但至深不过官尺五百尺，如再需凿深，须与业主商允方可。凡民地，如须拟勘，皆须先商业主，或其代表人应允，不得丝毫勉强，致启争端"，这也体现了政府对矿业权权益与矿业用地使用权权益的法律保障。其二，矿业用地使用权的取得方式多样，首选股份合作制。该章程第十四款规定，矿业用地尽量以土地作为股份出资。如果土地所有权人不愿意以地入股，政府按相当价值购买该土地，由政府作为"官地股"与矿商合股

---

[1]　朱寿朋.光绪朝东华录［M］.北京：中华书局，1958.

开办。如土地所有权人不愿将矿地出售，可由官查询原委斟酌办理。且该章程第十八款规定了矿业用地入股的分红办法，即收益的四分之一归土地主，四分之一报效国家，二分之一归矿商所有。其三，对附属矿业用地的取得设有调处机制。如果矿业用地中的某一部分土地在他人所有的土地中，已作为矿业用地的附属用地[1]，或开采散矿或流积矿之用的，矿商应当与土地所有权人协商；若协商不成，由官府根据情况，属于对他人利益没有妨碍、同时又是开矿必不可少的用地的，按照有关规定办理。[2]

由于《大清矿务章程》规定得较为细密，缺乏一定的灵活度，因此清政府在 1910 年对《大清矿务章程》进行了修改，颁布了《酌拟续订矿章》即"宣统朝《大清矿务章程》"。该章程共有正章 81 条，附章 46 条，但由于不久便爆发了辛亥革命，因此该章程并未真正实施过，只具有矿业管理的理论价值。其一，该章程在矿业用地的管理上更加注重土地所有权人和矿业权人的自主性。该章程第十五条规定，"凡由官核准给照之矿地，除业主自得兼有地权矿权两项外，其他矿商只有开采矿产之权，不能兼有地权。如需用地皮作为矿厂及天井之所，应先期知照业主。倘须损碍业主已有之利益，应估计赔偿。其余不碍厂井之所，应仍听业主自用。"当矿业权人停办矿后，应将矿业用地交还给土地所有权人。对出资采矿的一方，称为"银股"，章程对银股权作出这种限制性规定，实质上是为了保护封建土地所有制。其二，对矿业用地入股或租赁的细化和完善。有学者便认为，"以地作股，是我国近代矿业的一种较为新鲜的事物，是对资本投入的重要补充和创新，这样就允许矿业以生产要素的形式投入到股份的

---

[1] 法律称为"附属矿地"，是指不需要官方批准，由矿商与业主双方协商后所获取的短期用地，用来过路、流水和临时堆放矿物等。

[2] 中国土地矿产法律事务中心，国土资源部土地争议调处事务中心．矿业用地管理制度改革与创新[M]．北京：中国法制出版社，2013：16.

分配和利用中"。[1]该章程第十八款规定，"凡矿商开采所需之地，无论官地民地，如业主不愿以地作股，可议作租用或按年或按月应给租价若干，有无年限及其他事项均由彼此协商定夺，订立租约并按照第三十八款办法禀呈立案"。当双方当事人对赔偿、租金等事项产生争议并无法协商解决时，官府可依据双方自愿原则，通过评估机制来确定相关合理的价格。

（二）中华民国关于矿业用地法律制度的规定

1911年辛亥革命爆发，1912年元旦，中华民国宣告成立。辛亥革命推翻了清政府的统治，标志着中国长达几千年的封建统治就此结束，民主共和国的观念从此深入人心。此后历届民国政府对矿业的管理及制度建设都显得非常活跃，但由于社会局势动荡不安、内战不止，有些管理制度或因新政府的更替而终止，或因财政窘迫而未能有效实施，这使得矿业用地法律制度未能充分发挥其作用。中华民国时期大致分为三个阶段，即南京临时政府时期、北洋政府时期、南京国民政府时期，这三个阶段的矿业用地法律制度分述如下。

1. 南京临时政府时期

第一个阶段是1912年1月至3月孙中山领导下的南京临时政府时期。在南京临时政府成立后，临时大总统孙中山便主张，"现在民国大局已定，亟当振兴实业，改良商货，方于国计民生有所裨益"。[2]由于临时政府成立后，社会状况、经济基础与清末相差无几，加之政府的工作重心在南北议和上，无暇组织力量制定法律法规，于是暂时采用清末已经改良的各项法律法规。[3]南京临时政府时期的矿产资源管理主要沿用清末制定的《大清矿务章程》，矿业管理基本没有新

---

［1］ 蒋朝常.晚清时期中国近代矿业法规评述（1840—1911）［J］.中国矿业大学学报（社会科学版），2009，11（2）：104—109.

［2］ 中国社会科学院近代史研究所中华民国史研究室，中山大学历史系孙中山研究室，广东省社会科学院历史研究室.孙中山全集：第二卷（1912）［M］.北京：中华书局，1982：158.

［3］ 韦浩.民国时期商事登记法律制度研究［M］.北京：中国工商出版社，2006：1.

的变化和发展。南京临时政府虽然只运行了短短 3 个月的时间，但在此期间包括矿业法规制定等各项活动均已陆续提上国家立法日程，这为后续两个阶段的矿业法律体系的建立奠定了一定的基础。

2. 北洋政府时期

第二个阶段是北洋军阀统治下的北洋政府时期，时间跨度为 1912 年 3 月至 1927 年 4 月。这一时期制定的最为重要的矿业法规是 1914 年 3 月 31 日起施行的《中华民国矿业条例》（以下简称《矿业条例》），对矿业用地有涉及 20 个条文的专章规定，它奠定了中国现代矿业法律制度的基础。

首先，关于矿业用地范围的规定。《矿业条例》第五十七条明确规定了矿业用地的范围，"矿业权者，因左之目的，得使用他人之土地。一、凿孔及开坑；二、堆积矿物、土石、爆发药、木料、薪炭、矿滓及灰烬等；三、建设选矿场及制练厂；四、设置大小铁道、运路、运河、水管、汽管、沟渠、池井、索道及电线等；五、设施其他矿业上必要之各种工事及工作物"。另外，该条例第十三条对矿业用地的准入问题也明确作出了规定，"左列各地，不得划作矿区。一、距古圣庐墓及历代帝王陵寝地界一里以内者。二、于炮台要塞军港及一切军用局厂有关系之地点以内。未经该官署准许者。三、距商埠市场地界一里以内，未经该官署准许者。四、距官有公有建筑物、公园、著名古迹、公用道路铁路及紧要水利等地界四十丈以内，未经该官署或所有者及关系人准许者"。

其次，关于矿业用地取得方式的规定。《矿业条例》就矿业用地的取得程序有明确的法律流程，以便矿业权人操作和土地权人监督。详言之，矿业权人需要使用他人之土地时，应首先将该地施工计划书、施工图表等资料一并呈由矿务监督署长审定，并获得矿务监督署长许可。当矿务监督署长对前述事项许可后，应立即公告或通知土地相关权利人。然后，矿业权人须与土地权利人及关系人协商，并且给予其相应价值的补偿金。该条例也规定了取得矿业用地的特殊情形，如当矿业用地的开发利用期限长达 3 年以上，或因矿业用地的利用而改变土地用途及性质时，矿业权人必须与地主协商解决或按照矿业用地当时的市价给予土地相关权利人一次性的经济补偿。但当矿业停止或矿产攫取完尽时，仍应将矿业用地交还给原土地权利人。另外，土地权利人及关系人对于偿金，可以要求矿业权人提供相应的担保，若矿业权人不缴纳偿金或提供担保的，土地权利人可以拒绝其使用该矿业用地。

最后，关于矿业用地退出机制的规定。矿业权人对矿业用地的归还程序在《矿产条例》中也有所提及和明确，使得矿业用地退出机制的设置趋向合理和完善。《矿产条例》规定，"土地之使用完竣，矿业权者应当回复其土地之原状，交还原主。如因不能回复原状致有损失时，应给与偿金。但依第六十条之规定处分者，不在此限"。这是矿业管理者第一次意识到矿业用地的循环再利用问题。这种在矿业法规上给予肯定和支持的方式，体现了矿业管理者对土地权利人的土地权益的充分保护。

3. 南京国民党政府时期

第三个阶段是以蒋介石为核心的南京国民党政府时期（1927 年 4 月至 1949 年 9 月）。南京国民政府于 1930 年 5 月 26 日颁布了《中华民国矿业法》（以下简称《矿业法》），其中有 23 个条文的专章规定涉及矿业用地。《矿业法》对《矿业条例》的相关规定进行了合理的增减和修正，使之成为中国历史上第一部较为系统的矿业法。[1]

首先，关于矿业用地范围的修订。《矿业法》对矿业用地范围重新进行修订，"矿业权者因左列（下列）各款之一有必要时得使用他人土地：一、开凿井隧；二、堆积矿产物、土石、爆发药、炭薪、矿渣、灰烬或一切矿用材料；三、建筑矿业厂库或其他需要房屋；

[1] 傅英.中国矿业法制史［M］.北京：中国大地出版社，2001：34–35.

四、设置大小铁路、运河、水管、汽管、沟渠、地井、索道或电线等；五、设施其他矿业上必要之各种工事或工作物"。另外，《矿业法》对矿业用地的准入制度也进行了修改，"下列各地域内不得呈请设定矿业权。一、于炮台、要塞、军港及一切军用局厂有关系，曾经圈禁之地点以内，未经该管官署准许者；二、距商埠、市场、地界一公里以内，未经该管官署准许者；三、距国有公有建筑、国葬地、铁路公用道路、紧要水利及不能移动之著名古迹等地界十五丈以内，未经该管官署或所有人及占有人准许者"。

其次，关于矿业用地使用权的取得和退出程序更加完备。对于探矿用地的取得而言，探矿权人或矿业权人在他人土地上进行测量或勘查等事项时，必须经土地所在地的地方官署许可。地方官署准许该事项实施的，必须立即通知土地权利人。若因勘查事项而需除去相关障碍物或处理相关紧急情况要对他人土地进行利用的，探矿权人或矿业权人必须得到土地权利人的同意并给予相应的补偿金。对于采矿用地而言，因矿业开采而使用他人土地的，首先应将施工计划绘制成图交由省主管官署审定，并得到省主管官署的用地许可。然后，官署公告相关矿业用地的申请并通知土地所有人及关系人，矿业权人与土地权利人进一步协商，矿业权人给予土地权利人相应的补偿金。另外，土地权利人就土地的补偿金有权要求矿业权人提供担保或一次性给付。矿业权人不交付补偿金或不提供担保的，土地权利人有权拒绝其使用相关的矿业用地。对于矿业用地的退出程序而言，矿业用地使用完毕后，矿业权人应当恢复土地原状，并将土地交还给土地权利人。若不能恢复原状，则应给予土地权利人一次性的补偿。

最后，关于矿区边界修改程序的规定。为防止矿业权人越界开采和恶意争夺矿产资源，《矿业法》规定，当探矿或采矿用地的申请提起时，若与他人矿区范围重叠且矿质为同种的，矿区的重叠部分不得核准。这意味着矿业用地的使用权主体唯一且特定。矿业权人若因矿床之位置、形状必须掘进邻接矿区而提出修改矿区边界的申请时，应首先与邻接矿业权人协商，取得其承诺的字据，然后将前述相关资料一并交由省主管官署，由官署审定修改矿区边界的事项。另外，邻接矿业权人无正当事由不得拒绝前述情形的协商事项。矿业法对矿区边界修改程序的规定在一定程度上体现了矿业管理者对土地利用率最大化的愿景。

二、我国近代矿业用地法律制度的经验启示

1840 年鸦片战争之后，随着我国国门的打开，传统的自给自足的自然经济体系开始瓦解，西方列强通过各项不平等条约对我国的矿产进行掠夺和攫取。然而，我国这一时期的矿业管理体系已经开始与时代接轨，矿业修法、立法的兴起以及管理制度的变革，均对后世产生了十分重要的影响。

第一，矿业修法与立法的兴盛与发展。清朝末期的矿业用地管理以维护封建土地制度为核心，以保障矿业开发为出发点，是适应当时的经济、社会、文化等而形成的矿业用地的基本制度。但随着西方列强逐渐将攫取矿权作为他们侵略中国的重要内容，中国矿业进入了一段屈辱与抗争并存的历史时期。在这样的历史背景下，清末展开了大规模的矿业修法和立法运动，例如《矿务铁路公共章程》《矿务暂行章程》，以及《大清矿务章程》的制定。客观上看，清末的矿业修法和立法运动具有双重性质：一方面是统治阶级为了挽救即将瓦解的专制统治而进行的以法制改良为解救的对策；另一方面又是统治阶级在近代"西学东渐"的影响下所实施的法律改造工程。在中华民国时期，国民政府制定并颁布了多部与矿业相关的法规。从一定程度上来讲，中国近代的矿业法规数量之多、修改力度之大、借鉴国外矿法之深入，具有鲜明的时代特色。另外，矿业法治建设的逐步完善，对中华人民共和国现代矿业法的形成与发展产

生了深远的影响。

第二，矿业用地制度的历史性变革。清末的中国处于半殖民地半封建社会时期，而民国时期则处于多种形式的政治制度并存的历史发展阶段，矿业制度随着经济结构与社会性质的改变而发生历史性的变革。一方面，土地利用方式的变革。晚清的矿业用地股份合作制是对土地利用方式的创新和变革。我国是传统的农业大国，土地私有且满足农业耕种是几千年来最主要的土地利用方式，清政府通过变法改革土地的方式，动摇了封建社会的土地租赁制度，土地相关权利人通过对土地使用权有期限地转让直接享有土地的增值收益，进而实现土地资源的有效流转与土地利益的公平分配。另一方面，矿地双方合作。任何个人都是自己利益最大化的角逐者和保护者。矿业用地股份合作制使土地权利人与土地利用者的良好直接合作成为可能。对土地权利人来说，矿业用地的入股并不单纯是为了利润分红，还是为了能够以股东的身份在矿业企业进行经营和管理，并尽可能地避免或减少矿业权人在矿产资源的开发中对土地的损害。这种土地利用方式不但促进了矿业企业的经营和发展，而且实现了土地的可持续利用目标。总之，清朝末期的矿业用地法律制度是封建社会历史条件下，土地与资本结合的制度创新，一定程度上具有现代矿业用地管理制度的雏形。

第三，近代矿业发展史的特别警示。一方面，一国独立自主的政治环境是矿业用地法律制度持续、健康发展的重要保障。该国的经济政策能否产生预期的效果，就要看其政治力量是否强大，[1]政治力量薄弱势必会影响和阻碍矿业政策在国内的执行。1840年鸦片战争以来，西方列强一直肆无忌惮地攫取中国的矿业开采权，清政府试图借助矿业立法、修法等手段来维护中国矿权，通过发展民族资本采矿业的方式振兴矿业经济，但是迫于列强的强大压力，各项矿业政策和措

---

[1]　谭熙鸿.十年来之中国经济 [M].北京：中华书局，1948：51.

施均未能发挥其应有的作用，因此未能从源头上改变西方列强实质性主导和控制中国矿业活动的不利局面。另一方面，管理机构的有效监督是矿业经济健康、可持续发展的必要条件。矿业活动是社会经济极其重要的组成部分，也是国民经济稳健运行的"晴雨表"。虽然在晚清和民国时期，在矿业管理体系中已经设置了专门的矿业监督机构，但在特殊的历史背景下，矿业监督机制因为各种原因未能充分发挥出该机制设立初期所预想的目的和作用。以清末的矿业警察为例，矿业警察执行公务活动依附于矿厂，其活动经费、薪酬、福利等全部由其所在的矿业公司承担，故绝大多数矿业警察对矿业公司的各种违法行为视而不见，两者存在经济上的依附关系，导致矿业监督机制最终形同虚设。

第三节　中华人民共和国成立后的矿业用地法律制度

矿业用地的法律制度是为矿业活动的管理和矿业经济的发展服务的，是考虑到当时的生产力水平以及一定的历史背景而制定的。为进一步对矿业用地法律制度的历史沿革进行翔实研究，本书按照矿业用地的利用方式及申请程序的不同，将其分为探矿用地和采矿用地两个部分进行阐述。

一、中华人民共和国成立后矿业用地法律制度的基本脉络

中华人民共和国成立后，各行各业都面临着百废待兴的局面，政府除矿产资源管理经验不足外，在矿业用地方面也存在着管理欠缺的情况。这一时期，政府对矿业用地一概而论地以建设用地类型来管理，在矿业用地使用权的取得方面进行了详细的规定。

（一）探矿用地法律制度沿革

第一，探矿用地取得方式以征用为主、临时用地为辅的阶段。[1]
如 1953 年的《国家建设征用土地办法》规定，"凡兴建国防工程、厂
矿、铁路、交通、水利工程、市政建设及其他经济、文化建设等所需
用之地，均以本法征用之"；"凡修建工程，须临时使用征用范围以
外之土地作为材料堆存场所及临时运输道路等用途者，应与该项土地
所有人（或使用人）协商临时借用，或订立契约临时租用"。1957 年
国务院对《国家建设征用土地办法》进行修订，在不改变探矿用地供
地方式的原则下，对临时用地中的"应"借用或租用改为"可以"租
用或借用。虽然只是一词之差和协商方式顺位的变化，但这体现了政
府对探矿用地的管理思维的变化和发展。

第二，探矿用地取得方式以临时用地方式为主的阶段。[2]《中
华人民共和国土地管理法》（以下简称《土地管理法》）于 1986 年
颁布，此后经历了 1988 年、2004 年和 2019 年的三次修正和 1998 年
的一次修订，该法规定了探矿用地主要采取的是临时用地的供地方
式。如 1986 年的《土地管理法》第三十三条规定，"架设地上线路、
铺设地下管线、建设其他地下工程、进行地质勘探等，需要临时使
用土地的，由当地县级人民政府批准，并按照前款规定给予补偿"。
另外，2004 年的《土地管理法》第五十七条规定，"建设项目施工
和地质勘查需要临时使用国有土地或者农民集体所有土地的，由县
级以上人民政府土地行政主管部门批准。……临时使用土地期限一
般不超过二年"。

探矿用地的供地方式是由我国当时的社会背景、经济政策及探
矿特点所决定的。中华人民共和国成立后的百废待兴和计划经济等，

---

[1]　1953 年《中央人民政府政务院关于国家建设征用土地办法》第二条、第十一条、第十二条；
1957 年《国家建设征用土地办法》第二条、第十一条、第十二条。
[2]　1986 年《土地管理法》第三十三条、1988 年《土地管理法》第三十三条、1998 年《土地管理法》
第五十七条、2004 年《土地管理法》第五十七条。

使得探矿活动必须在国家大政方针的宏观规划和政府的指导下进行，探矿用地以征用的方式慎重并妥善地处理了当地居民的生产和生活需要。从 1986 年开始，临时用地方式成为探矿用地的主要供地方式，这标志着矿业管理者转变管理思维和管理方式，灵活处理矿业权人对矿业用地需求的同时，又妥善地保障了土地权利人的土地权益。

（二）采矿用地法律制度沿革

矿业用地制度的核心是矿业用地使用权的获得方式，而采矿用地又是矿业用地中所占比重最大的部分，回顾和了解采矿用地制度的历史变迁更有助于研究矿业用地使用权流转的历史演变，两者相辅相成，共同支撑和推动我国的矿业发展。我国采矿用地的取得方式主要经历了以下三个阶段。

1. 采矿用地以无偿划拨授予为主的阶段

从 1949 年中华人民共和国成立起，我国采矿用地较长一段时间实行的是无偿划拨授予制度。1953 年政务院颁布了《中央人民政府政务院关于国家建设征用土地办法》，该办法是我国第一个国家层面的关于征用土地的规定，采矿用地无偿划拨授予的供地方式从此开始。该办法明确规定了土地征用的适用范围，即"凡兴建国防工程、厂矿、铁路、交通、水利工程、市政建设及其他经济、文化建设等所需用之土地"，均需按照国家相关法律办理征用程序。采矿用地属于厂矿范畴，适用该办法关于征用土地的相关规定。该办法规定了征用土地的具体程序，"凡征用土地，均应由用地单位本着节约用地的原则，提出征用土地计划书，按业务系统报经其上级领导机关批准后，依关于批准权限的下列规定，分别转请中央人民政府政务院或大行政区行政委员会或省、市、县人民政府核准公布征用之"。采矿用地所征用的土地，土地产权属于国家，当矿业企业不需要所申请征用的土地时，应当交还给国家，禁止土地使用权再流转。矿业企业应会同当地人民政府和党委部门做好群众工作，妥善实施征地等事项。该办法对土地征用所涉及的经济事项并未提及，也没有明确征用补偿等事项，这意味着该阶段的土地征用实际上是国家划拨给厂矿单位无偿使用土地的行为。

1958 年国务院对《中央人民政府政务院关于国家建设征用土地办法》进行了修订，但依然规定厂矿用地适用征用的相关规定，对于采矿用地的取得程序没有实质性的变化。另外，1982 年颁布的《国家建设征用土地条例》虽然没有明确采矿用地必须适用征地的相关规定，但该条例第二条却明确了"国家进行经济、文化、国防建设以及兴办社会公共事业，需要征用集体所有的土地时，必须按照本条例办理"。[1] 在 1952 年到 1956 年的社会主义改造时期，全国矿业企业基本已全部被改造为公有制，出现了公有制矿山"一统天下"的局面，采矿活动被划入国家经济建设的范畴，矿业用地则顺理成章地继续适用无偿划拨的征用方式。1986 年《中华人民共和国土地管理法》（以下简称《土地管理法》）的出台标志着我国对土地资源管理的专业化、法治化和现代化，然而该部法律仍然规定矿业用地以无偿划拨为主要的供地方式。《土地管理法》规定，国有荒山、荒地以及使用国有土地的，必须办理征地程序和手续，并对相应的权利人给予一定的经济补偿。[2] 总之，这一时期采矿用地仍然以无偿划拨为主要方式，有偿的用地取得方式还没有建立起来。

2. 采矿用地以有偿供应为主的阶段

随着我国市场经济的逐步确立和发展，采矿用地的取得方式也从无偿划拨逐渐转变为有偿供应。我国的用地方式是逐渐转变的，不是一蹴而就的。1998 年的《土地管理法》明确了国家实行土地用

---

[1]　1982 年《国家建设征用土地条例》第二条。
[2]　1986 年《土地管理法》第三十四条规定，"国家建设使用国有荒山、荒地以及其他单位使用的国有土地的，按照国家建设征用土地的程序和批准权限经批准后划拨。使用国有荒山、荒地的，无偿划拨。使用其他单位使用的国有土地，原使用单位受到损失的，建设单位应当给予适当补偿；原使用单位需要搬迁的，建设单位应当负责搬迁"。

途管理制度，并将矿业用地明确划分到建设用地的范畴。该法第一次以立法的形式对"建设用地"做出了界定，即是指建筑物和构筑物所占用的土地，包括城乡住宅和公共设施用地、交通水利设施用地、工矿用地、军事设施用地等。该法同时要求，除了为兴办乡镇企业、建设村民住宅及其他乡镇公益事业等，经依法批准使用集体所有性质的土地外，任何社会主体因建设项目而需要使用土地的，都必须依法定程序及相关的要求申请使用国有性质的土地。另外，该法第五十四条[1]也对划拨用地的范围作出了限制，进一步推进用地有偿制度的建立。这一时期，采矿用地的取得方式呈现出无偿划拨和有偿出让并存的局面。

随着我国加入世界贸易组织及市场经济的进一步发展，我国建设用地市场的运行也日益规范和成熟。原国土资源部 2002 年颁布的《招标拍卖挂牌出让国有土地使用权规定》（中华人民共和国国土资源部令第 11 号），进一步规范和明确了国有土地使用权出让行为，为优化土地资源的配置和流通，以及建立公开、公正、公平的土地使用制度提供了指导依据。同时，该文件还规定，"商业、旅游、娱乐和商品住宅等各类经营性用地，必须以招标、拍卖或者挂牌方式出让"相关建设用地。另外，若两个以上的建设单位对同一宗地有用地意向，则土地行政管理部门也应以招标、拍卖或者挂牌的方式出让该块宗地。2019 年修正的《土地管理法》延续了土地有偿出让方式的规定，除国有土地有偿出让外，还规定建设用地涉及农用地的，应当办理农用地转用审批手续，并按照相关规定给予土地权利人一定的补偿。另外，作为我国土地资源和矿产资源的直属管理部门，原国土资源部综合考虑采矿用地的取得和使用，规定采矿用地的取得和使用必须以采矿权的取得为前提条件，在 2007 年修订的《招标拍卖挂牌出

---

[1] 1998 年《土地管理法》第五十四条规定，建设单位使用国有土地，应当以出让等有偿使用方式取得；但是，下列建设用地，经县级以上人民政府依法批准，可以划拨方式取得：（一）国家机关用地和军事用地；（二）城市基础设施用地和公益事业用地；（三）国家重点扶持的能源、交通、水利等基础设施用地；（四）法律、行政法规规定的其他用地。

让国有建设用地使用权规定》（中华人民共和国国土资源部令第39号）中明确指出采矿用地不属于"招拍挂"的范围。但这并不意味着采矿用地的无偿使用，矿业企业还是需要向土地权利人支付一定的对价，方可取得该土地的使用权。

3. "临时用地"试点开展阶段

我国改革开放四十多年来，国民经济高速发展，矿业生产为社会主义市场经济增添了旺盛的活力，在矿业经济取得长足发展与活力的同时，矿业用地的供需矛盾也逐渐凸显。因此，原国土资源部针对矿业生产中的人地矛盾，适时推动矿业用地制度改革，于2005年批准广西平果铝土矿开展采矿用地方式改革试点。这是全国第一个采矿用地方式改革试点，为破解土地资源低效利用和维护矿业生产各方利益起到了良好的作用，也为我国的矿业用地立法积累了充足而宝贵的地方实践经验。

以广西平果铝土矿为例，该矿山位于广西壮族自治区中西部偏南的平果县，是中国铝业广西分公司氧化铝生产的矿石原料基地。该铝土矿矿床具有分布范围广、规模大、埋藏浅、适宜露天开采等特点，铝土矿的矿业用地周期相对较短，采矿用地的实际周期仅2~3年。如采取征收土地的用地方式，必使当地的矿地矛盾进一步尖锐和激化，大批农民将失去赖以生存的土地。

采矿用地改革的核心是探索将原来先征收后出让的用地方式改为临时用地的供地方式。详言之，采矿用地改革的主要措施是将采矿用地中可复垦的耕地、其他农用地及未利用地改为以"征用采矿临时用地"的方式供地。具体做法是矿业权人在采矿完毕并经土地复垦后还地，这种做法并没有改变农村集体土地所有权的性质。其中，矿业企业对耕地复垦不足的部分，矿业企业须按照土地出让方式的补偿标准给农村集体经济组织补足土地补偿的费用和安置补助的费用，并给国家补交耕地开垦的费用和土地出让金等费用。矿区公路、厂房等永久性建筑用地仍按出让方式供地。广西平果铝土矿经过7年多的科学实践，试点矿区已经实施并完成了基础建设、土地报批、批后实施、工程复垦及验收、还地及还地后生物复垦等各项工作。试点矿区在有序推进采矿用地方式改革的过程中，制定了一系列的配套规范、标准、管理办法和制度，基本理顺了矿业、土地、民生三者之间的关系，较好地化解了矿业用地矛盾，探索出了一条行之有效的临时用地供地方式，极大地促进了矿业经济的循环与可持续发展。

采矿用地方式改革的实施不仅实现了试点工作的预期目标，也引起了社会各界的高度关注。国内类似的露天矿山或其他适宜矿山和当地的国土资源管理部门，纷纷奔赴试点矿区进行参观考察，以期借鉴成功的经验。此后，2011年原国土资源部对陕西、四川和辽宁三省探索采矿用地方式改革的意向表示了支持，要求其按照相关程序和方案进行申报。原国土资源部又相继批复了山西省朔州市中煤平朔煤业有限责任公司露天煤矿、内蒙古自治区鄂尔多斯市露天煤矿、云南省昆明市云南磷化集团有限公司露天磷矿、辽宁省露天矿等一系列改革试点。[1]矿业用地临时用地方式的重大改革正在悄然进行并逐步展开。

二、中华人民共和国成立后矿业用地法律制度的经验启示

矿业用地法律制度是为矿业经济的发展服务的，是考虑到当时的生产力发展水平以及特定历史背景下的外部和内部环境加以制定的，是当时矿业经济水平的真实反映。中华人民共和国成立后，中国矿业用地法律制度进入了一个崭新的历史发展阶段。本节仅以矿业用地使用权的取得为视角进行研究，矿业用地供地方式的发展与变迁，标志着土地管理者和矿业管理者管理水平的逐步提高。

---

[1] 中国土地矿产法律事务中心，国土资源部土地争议调处事务中心．矿业用地管理制度改革与创新[M]．北京：中国法制出版社，2013：20．

第一，矿业用地制度与矿业权管理制度的协调性较差。矿业用地作为建设用地的重要分类之一，主要是为矿业经济服务的，若矿业权无法或不能行使，则矿业用地使用权也无存在的意义。在我国矿业生产的实践中，矿业用地制度与矿业权制度长期处于不协调的状态。首先，矿业规划与土地规划的衔接性较差，全国矿产资源规划在2008—2015年，而全国土地利用总体规划在2006—2020年，两个规划的起止时间不一致，规划时效不同步，导致矿产资源和土地资源在国家管理和调控中各有侧重，偶有冲突。其次，采矿期限与土地使用期限的协调性较差。以出让方式取得采矿用地为例，采矿年限一般分为10年、20~30年、50年，而土地出让期限一般为50年，在土地使用权期限与实际的采矿期限存在较大差距的情况下，这无疑会给矿业企业加上沉重的成本与负担，成为导致土地资源浪费的主要因素。最后，土地使用权提前收回的处理办法不明确。虽然2019年修正的《土地管理法》第五十八条第一款第四项依然对经核准报废的矿场的国有土地使用权收回问题有概括性的规定，但由于条款并未明确提前收回的土地使用权的补偿问题，而矿业企业人作为该项土地的合法使用权人也不会轻易放弃自己无法实现的经济利益，故该条款操作性差，亟待进一步细化明确性的规定。

第二，矿业权人和土地使用权人的利益衡平问题。随着我国矿业权市场化水平的逐步提高，采矿用地方式也逐步变为以有偿供应为主，这就涉及矿业权人与土地使用权人的利益实现问题。由于国有性质土地的权利主体较为简单，矿业权人与土地权利人往往可以达成意见一致，并且两者的利益诉求基本一致，即在符合土地利用规划的前提下实现资源利益，故本节探讨的主要是关于农村集体性质土地与矿业权人利益实现的问题。在农村集体性质土地的征地法律关系中，土地行政管理部门是以农用地的标准进行征地补偿的，而土地行政管理部门将土地出让给矿业权人时，则是以建设用地的标准来进行出让的，前者的补偿标准远低于后者的补偿标准，导致原本属于农村集体组织成员的土地增值利益被土地管理者以合法的方式拿走，矿业权人则可以通过在市场上售卖矿产品获取相应的经济利益。矿业用地的法律制度本应通过调整矿业活动主体法律行为中的权利义务关系，使得矿产与土地资源在矿业用地法律关系中得到公平且合理的分配。然而，现行的矿业用地取得方式在一定程度上偏重矿业权人的利益，对于原土地使用权人的正当利益缺少正当的维护。

第三，矿业用地复垦工作成效不显著的现实障碍。目前，国际上矿业用地的复垦率基本已达到 50% ~70%，其中，美国的矿业用地复垦率达到了 85% 以上，德国的矿业用地复垦率高达 90% 以上，但我国的矿业用地复垦率却非常低，只有 12% 左右。[1] 现行矿业用地法律制度的缺陷是我国矿业复垦工作成效不大的重要原因。一方面，矿业用地属于农村集体性质土地的，国家在征收集体性质土地的过程中，矿业企业首先需依法缴纳相应的征地补偿费用和土地复垦费用，而且矿业企业还负有开垦与占用耕地数量相同、质量相当的耕地面积的义务，矿业企业若自身不具备开垦的条件或开垦的耕地质量达不到法定标准，还应当缴纳相应的耕地开垦费用。按照矿业用地相关法律的规定，矿业企业为取得相应用地的土地使用权有可能需要承担双倍或三倍的成本，这显然加重了矿业企业的负担，也影响了矿业企业对复垦工作的资金投入。另一方面，矿业权人对复垦土地经济利益的激励效果不足。在矿业活动实践中，矿业活动的终止意味着矿业权的行使殆尽，矿业用地对矿业企业来说也没有多大的价值，而采矿活动造成的大量矿业废弃地，需要大量的资金进行复垦，从经济的角度考虑，矿业企业与其将大量的资金和精力放在复垦工作中，还不如有偿受让更大面积的矿业用地，以期从中得到更多的经济利润。因此，很多矿业企业将工作的重心放在取得新的矿业用地上，而不是矿业废弃地的复垦上。

---

[1] 才惠莲，严良．我国矿地复垦立法的完善［J］．湖北社会科学，2009（3）：152-155.

第三章 中国矿业用地法律制度的现实检视

我国改革开放四十多年以来，矿产资源对社会经济的支撑和推动进入了新的发展时期。随着生态文明建设的有序展开，矿产资源的管理工作也引入了新的改革动力和源泉。矿业用地作为土地管理和矿产资源管理的"接合部"，是国土资源管理的重要内容和组成部分。[1] 矿业用地制度内涵十分丰富，其包含的制度因子纷繁复杂，但其涉及的法律关系主要集中在矿业用地的取得、复垦和流转等方面。本章以期通过对这三方面内容的切实研究，明晰矿业用地管理工作中取得的成效和面临的实际困境，最终为矿业用地管理工作的优化与完善提出有效对策。

第一节 我国矿业用地的取得制度

自旧石器时代开始，人类社会就在不断发现和开发矿产资源的过程中获得发展和进步。土地作为矿产资源开发利用中不可替代的载体，是人类生产、生活最重要的场所，也是人类最早利用的自然资源之一。在矿业管理中，矿业用地的取得是矿业权人利用土地的前提，相关的法律规定又是取得程序和取得方式最直接的体现。为此，有必要在现行立法、政策、规范性文件中考察关于矿业用地取

---

[1]　周伟，白中科，曹银贵.我国矿业用地现状及其节约集约利用途径［J］.资源与产业，2012，14（4）：41-46.

得的相关规定，以破解矿业用地取得制度中的难题和困境。

一、我国矿业用地取得制度的现行立法规定

我国关于矿业用地取得的法律法规主要集中在《土地管理法》《矿产资源法》《民法典》《土地管理法实施条例》《招标拍卖挂牌出让国有建设用地使用权规定》《划拨用地目录》等法规文件中。立法对矿业用地取得制度的相关规制主要体现在以下几个方面。

第一，明确了矿业用地属于建设用地的范畴。其中《土地管理法》第四条明确规定，我国总体上实行土地用途管制制度，明确规定工矿用地属于建设用地，并对建设用地的定义做出了法律界定。具体而言，土地行政管理部门负责编制土地利用的总体规划，并根据土地用途的不同，将土地划分为农用地、建设用地和未利用地三种类型。其中，建设用地是指为建造建筑物、构筑物而使用的土地，城乡住宅和公共设施用地、交通水利设施用地、旅游用地、工矿用地、军事设施用地等都属于建设用地的范畴。

根据 2004 修正的《土地管理法》第四十三条的规定，建设单位和个人因建设项目而开发、利用土地的，必须依法定程序申请使用国有性质的土地；若原属于农民集体所有的土地经过国家征收，转变成国有性质的土地，则视为国有土地。但是，该条款对兴办乡镇企业、修建农村住宅、建设乡镇公共事业等情形而使用的土地则不受国有土地性质的限制。这是国家土地行政管理部门针对乡镇土地利用的实际情况，为乡镇经济发展而重点出台的土地政策之一。2019 年新修正的《土地管理法》删除了原第四十三条的规定，这也显示出，对于以往因土地属于农民集体所有性质或国有性质的不同而区别对待的做法，立法已经进行了纠偏。另外，2019 年新修正的《土地管理法》

第四十四条、第四十六条[1]作了关于农用地转用、征用的相关规定，并且简化了相关的审批、办理程序。因此，矿业权人申请矿业用地必须申请使用国有性质的土地，矿业用地涉及集体性质土地的，则需要经过征收程序，将其转变为国有土地后再行开发、利用。

第二，规定了探矿临时用地制度。2019 年新修正的《土地管理法》第五十七条规定，建设单位因建设项目施工和地质勘查而需要临时使用土地的，无论土地是国有的还是农民集体所有的，均需经土地所在地县级以上人民政府自然资源主管部门批准方可使用。若所需临时用地在城市规划区内，还应当在使用土地前报批城市规划行政主管部门，并取得其同意。另外，根据土地权属的实际情况，土地使用者应当与有关自然资源主管部门、农村集体经济组织、村民委员会签订临时使用土地合同，合同约定临时土地的使用期限一般不得超过 2 年，并要求土地使用者应当按照合同的约定向相关土地权利人支付临时使用土地的补偿费用。由此可知，矿业权人申请到勘探权后，因地质勘查需要而临时使用土地的，则必须按照相关规定办理临时用地手续。

第三，确立了矿业用地有偿取得制度。由 2019 年新修正的《土地管理法》第五十四条规定可知，建设单位使用国有性质土地，应当以出让等有偿使用方式取得。但是，当建设用地涉及国家机关用地，军事用地，城市基础设施用地，公益事业用地，国家重点扶持的能源、交通、水利等基础设施用地，法律、行政法规规定的其他用地时，经土地所在地县级以上人民政府批准许可，可以以划拨方式取得用地。另外，2001 年颁布的《划拨用地目录》已经明确规定，相关人民政府可以根据建设单位提出的申请，以法定程序将土地划拨给该建设单位。

---

[1]　《土地管理法》第四十四条第一款规定，建设占用土地，涉及农用地转为建设用地的，应当办理农用地转用审批手续。第四十六条第三款规定，征收农用地的，应当依照本法第四十四条的规定先行办理农用地转用审批。其中，经国务院批准农用地转用的，同时办理征地审批手续，不再另行办理征地审批；经省、自治区、直辖市人民政府在征地批准权限内批准农用地转用的，同时办理征地审批手续，不再另行办理征地审批，超过征地批准权限的，应当依照本条第一款的规定另行办理征地审批。

因此，我国目前仅允许符合目录条件的矿业用地以无偿划拨的方式取得，其他矿业用地均以有偿使用的方式取得。

第四，确立了矿业用地准入制度。《矿产资源法》第二十条是关于矿产资源开采区域的禁止性规定。具体而言，国家规定禁止开采矿产资源的区域主要有港口、机场、国防工程设施圈定地区以内，重要工业区、大型水利工程设施、城镇市政工程设施附近一定距离以内，铁路、重要公路两侧一定距离以内，重要河流、堤坝两侧一定距离以内，国家规定的自然保护区、重要风景区，国家重点保护的不能移动的历史文物和名胜古迹所在地，国家规定不得开采矿产资源的其他地区。该条设定了重要地区限制采矿的政策，即"非经国务院授权的有关主管部门审核和同意"，任何单位和个人均不得在禁止区域开采矿产资源。这是对土地进入矿业活动市场的法律规制，在源头上对矿业用地进行了制度化管理。

第五，规定了重要矿床不得压覆制度。《矿产资源法》第三十三条规定，建设单位在修建铁路、工厂、水库、输油管道、输电线路和各种大型建筑物或建筑群之前必须向所在省、自治区、直辖市的地质矿产主管部门了解拟建工程所在地区的矿产资源分布和开采情况，以此判断拟建项目是否会对该地区矿产资源的开采造成重大不利影响。未经国务院授权的相关主管部门审核和批准，一切建设工程均不得压覆重要矿床。矿床不得压覆制度体现了矿业用地使用权的唯一性和特定性，除非国务院授权的相关主管部门批准，否则矿业用地的使用权主体只能是一个矿业权人。这有效地保障了土地使用权人的土地权益，也保障了矿业活动的顺畅进行。

二、矿业用地的现行取得方式及程序

目前，矿业权[1]和土地使用权是分别从矿产资源所有权、土地所有权中派生出来的相对独立的财产权，矿业权人取得矿业权并不当然地取得矿业活动所必需的土地使用权，这已成为学界的共识。[2]根据我国现行法律的规定，探矿用地采取临时用地的方式供地，由矿业权人向土地行政管理部门申请，或与土地权利人进行协商。由于采矿用地的周期和属性不同于探矿用地，在土地用途类型上被归类为建设用地，因此，需完成一系列的审批程序方可取得。然而，早期矿业企业多为国有企业，采矿用地主要以划拨方式取得。但是随着我国土地利用管理的改革，尤其是土地有偿使用制度的实施与发展，土地管理制度逐步健全和完善，采矿用地的取得方式及程序也逐渐规范和严格，概括起来主要有以下六种。

（一）国有建设用地划拨

国有建设用地划拨，是指矿业权人经县级以上人民政府依法批准，将国有建设用地无偿交付矿业权人使用，或者在矿业权人依法缴纳补偿、安置、土地使用税费后，土地行政管理部门将国有建设用地交付其使用的行为。国有建设用地划拨涉及的政策依据主要有《土地管理法》《民法典》《城乡规划法》《划拨用地目录》等法律法规。根据相关法律法规，国有建设用地划拨供应分为有偿供应和无偿供应两种形式，前一种需要矿业权人缴纳相关的拆迁、安置等补偿费用。而且，除法律法规另有规定外，以划拨方式取得矿业用地的土地没有使用期限的限制，但未经相关主管部门的许可不得进行转让、出租、抵押等经营活动，用地内容必须符合矿业权人当时申请划拨用地的目的。以

---

[1]　学界通说认为，矿业权包括探矿权和采矿权。
[2]　袭燕燕.关于我国矿业用地取得制度构建的思考[J].中国国土资源经济，2004，17（12）：25-28，41.

石油公司为例，据不完全统计，作为国内两大石油公司的中国石油天然气集团有限公司和中国石油化工集团有限公司，通过划拨方式取得矿业用地的占比高达 69.7％和 59.84％。由此可见，石油企业的土地主要是通过划拨方式取得的。[1]

矿业权人以划拨方式取得矿业用地是计划经济时代的产物。我国目前绝大多数国有和集体矿业企业的矿业用地都是通过划拨方式取得的。但随着土地管理制度的改革，尤其是在 2001 年《划拨用地目录》颁布后，矿业用地只允许符合该目录的九类石油天然气设施用地和九类煤炭设施用地以划拨方式取得。另外，根据 2004 年的《土地管理法》第五十四条的规定，采矿用地已经极少以划拨方式取得，只有国家重点扶持的能源项目等可以以划拨方式取得用地。而且《民法典》第三百四十七条第三款也规定，"严格限制以划拨方式设立建设用地使用权"。总之，矿业权人以划拨取得用地的方式仅限于前述煤炭、石油、天然气的相关矿业用地，无论是在申请程序还是申请方式上已经受到严格的立法规制。

（二）国有建设用地出让

国有建设用地出让，是指国家以土地所有权人的身份将一定期限内的国有土地使用权让渡给矿业权人，并由矿业权人向国家支付相应租金的行为。随着《土地管理法》2019 年的最新修正和《划拨用地目录》的颁布，我国对于新增的矿业建设用地，凡不在划拨用地目录之列的，都必须以出让方式取得。其中，经出让取得土地使用权的矿业权人，在一定期限内对土地拥有占有、使用、收益和有限处分的权利，这里的有限处分权主要体现在对土地使用权进行转让、出租、抵押等经营活动中。矿业权人需要占用农民集体土地的，应当由国家先征收为国有土地然后再进行出让。国有建设用地出让是国家以土地所有权

---

[1]　马行天，曹涵，刘毅. 基于 PEST 分析法的石油企业土地资产管理研究［J］. 价值工程，2019，38（14）：19-21.

人的身份与矿业权人之间关于相应国有土地经济关系的重组与调整，具有平等、自愿、有偿、有期限的特征。

《中华人民共和国城镇国有土地使用权出让和转让暂行条例》已经明确规定，土地使用权的出让主要采取协议、招标、拍卖三种方式。随着经济发展和土地管理的现实需要，2007 年修订的《招标拍卖挂牌出让国有建设用地使用权规定》将国有土地使用权出让的方式从前述三种扩充为四种方式，即在协议、招标和拍卖的土地出让方式之外增加挂牌出让的方式。在矿业活动领域，每一种出让方式都有其独特的内涵。其中，国有土地使用权的协议出让是指自然资源主管部门与矿业权人以协议的方式约定，将特定的国有矿业用地使用权在一定期限内让渡给矿业权人，由矿业权人向自然资源主管部门支付相应的土地出让金的行为。国有土地使用权的招标出让，是指自然资源主管部门作为国有矿业用地出让的具体实施者，以招标公告的形式发布出让宗地的具体信息，在市场主体依法参加相关招投标程序的前提下，根据投标结果择优确定土地使用权受让人的行为。国有土地使用权的拍卖出让，是指自然资源主管部门以拍卖公告的方式发布出让宗地的相关信息，指定有意向的矿业权人在特定的时间及指定的地点进行公开竞价，根据出价的结果择优确定矿业用地使用权受让人的行为。国有建设用地使用权的挂牌出让，是指自然资源主管部门根据法律规定以挂牌公告的形式在规定的期限内，发布出让宗地的地标情况、交易价格、交易条件等信息，接收并更新矿业权人的报价申请，在截止期限根据竞价结果择优确定矿业用地受让人的行为。

另外，《民法典》第三百四十七条第二款[1]对招标、拍卖出让的范围进行了更为明确的规定，特别是当矿业用地有两个以上意向者时，是必须采取招标、拍卖等公开竞价方式出让的。然而，

---

[1] 《民法典》第三百四十七条第二款规定，工业、商业、旅游、娱乐和商品住宅等经营性用地以及同一土地有两个以上意向用地者的，应当采取招标、拍卖等公开竞价的方式出让。

原国土资源部发布的《招标拍卖挂牌出让国有建设用地使用权规定》第四条又规定，当宗地的开发建设用途涉及工业、商业、娱乐、旅游、商品住宅等经营性用地，或在同一宗地有两个以上用地申请人时，应当以招标、拍卖或者挂牌的方式出让该宗地。该条款特别规定了其中的工业用地是不包括采矿用地的。该规定将矿业用地排除在招标、拍卖和挂牌出让方式的范围之外。这两项规定之间明显出现了立法冲突的情形。由于前者是全国人大制定并公布的法律，后者是国务院原国土资源部制定并发布的部门规章，根据《立法法》第九十九条规定，法律的效力高于行政法规、地方性法规、规章。由此可知，当矿业用地的使用权有两个以上的用地意向者时，自然资源主管部门必须采取招标、拍卖等公开竞价的方式进行出让；若只有一个矿业权人对该宗土地有意向，则可以采取其他有偿方式出让。

（三）国有土地租赁

国有土地租赁，是指土地行政部门将国有性质的土地租赁给有用地需求的矿业权人使用，由自然资源主管部门与矿业权人签订土地租赁合同，并要求矿业权人支付矿业用地租金的行为。国有土地租赁是一种较为常见的矿业权人取得土地使用权的方式，主要是为了解决国有企业改制过程中国有土地资产的处置问题。为此，原国土资源部专门下发了《规范国有土地租赁若干意见》（以下简称《租赁意见》）[1]，并在文件中特别列举了土地租赁的具体范围，明确了国有土地租赁只能作为土地出让的重要补充方式，对于新增的建设用地，国家应当继续推行和完善其他的土地出让方式。《租赁意见》对国有土地租赁法律关系中的权利义务内容作了大量规定，至今仍具有规范国有土地租赁行为的法律效力。根据原国土资源部的统计，

---

[1]　该意见第一条规定，因发生土地转让、场地出租、企业改制、改变土地用途等情形的，依法可以实行租赁。

截至 2009 年底，主要的石油天然气公司通过国有土地租赁方式取得的用地数量较少，不足占地总量的 1%。[1]

1. 在租赁程序方面的规定

双方以协议的方式租赁国有土地使用权的，应首先在自然资源主管部门进行租赁合同的备案，自然资源主管部门根据备案信息按照行政信息公开的要求和规定，向社会公开披露国有土地租赁的结果，并接受上级主管部门、团体组织、社会其他主体等的广泛监督。

2. 在租赁期限方面的规定

短期租赁和长期租赁是国有土地租赁的两种法定形式。建设单位或个人若在 5 年期限内修建临时建筑物、构筑物或因其他需要使用相关土地的，双方应当签订短期租赁合同。建设单位或个人若因修建建筑物、构筑物或其他需要，需长期使用相关土地的，双方应当签订长期租赁合同，租赁期限可由双方自由约定，但不得超过法律规定的同类用途土地出租的最高期限。

3. 在租金方面的规定

双方约定的土地租金不得低于按国家规定的最低地价折算后的最低租金标准。采用短期租赁形式的，可以参考按照季度或年度的方式来结算租金；而采用长期租赁形式的，则应以双方在合同中约定的租金的支付方式及支付时间、调价方式及调价时间间隔等相关信息来执行。

4. 在权利义务方面的规定

矿业权人取得承租土地使用权后，若需要将该土地使用权进行转租、转让或抵押的，必须取得相关自然资源主管部门的同意或符合租赁合同约定的情形，并需履行依法登记的相关程序。虽然矿业权人在土地使用期限内有优先受让土地的权利，但当矿业权人出现

---

[1]　中国土地矿产法律事务中心，国土资源部土地争议调处事务中心.矿业用地管理制度改革与创新[M].北京：中国法制出版社，2013：90.

以下三种情形时，自然资源主管部门有权单方面解除土地租赁合同，并依法收回承租土地的使用权：其一，不按合同约定的用途对土地进行开发利用；其二，未经自然资源主管部门同意而擅自转租、转让、抵押土地；其三，不按合同约定的时间、方式交纳土地租金。另外，因实现社会公共利益等的需要，相关土地行政管理部门在给予矿业权人合理经济补偿的前提下，可以依照法律程序提前收回已经租赁出去的国有土地。

（四）国有土地作价出资（入股）

国有土地作价出资（入股），是指自然资源主管部门在一定期限内将国有土地使用权作价出让，作为出资或入股投入矿业企业，并成为该矿业企业的股东，享有相应股份份额的股东权益，该宗项土地的使用权则作为该矿业企业的合法财产而被持有。国家在矿业企业中以土地使用权作价出资的行为，实质上是入股该矿业企业的方式，产生了相应的国家股股权。根据《中华人民共和国公司法》的相关规定，国家土地使用权作价出资的方式适用于新设立的有限责任公司，而国家土地使用权作价入股的方式适用于新设立的股份有限责任公司。

1992年《股份制试点企业土地资产管理暂行规定》的颁布掀起了公司土地资产作价出资、入股的潮流。该文件明确规定国有企业在实行股份制改造时必须对该企业的土地资产进行作价，在新设立的公司中作为出资或入股。而国有土地使用权的具体价格由自然资源主管部门牵头并组织相关部门按照法定程序和标准进行评估和确定，评估价格由县级以上人民政府审核批准后，可作为核定的土地资产金额。另外，在1993年发布的《国家土地管理局 国家体改委关于到境外上市的股份制试点企业土地资产管理若干问题的通知》，明确了股份制企业处置国有土地资产可采取的两种方式：一种是国家直接以国有土地使用权作价出资（入股），即自然资源主管部门将一定期限的国有土地使用权作价入股，土地资产折算为国家股股权；[1]另一种是国有土地先出让再作价入股，即企业以出让方式取得的国有土地使用权作价入股，土地资产折算为法人股。[2]

后来在总结股份制试点企业优秀的土地使用权管理经验的基础上，原国家土地管理局、原国家体改委先后发布了《股份有限公司土地使用权管理暂行规定》和《国有企业改革中划拨土地使用权管理暂行规定》。这两项规定对国有企业股份制改制中以出让、租赁和国家作价出资（入股）等方式处置国有土地使用权均作出了详细的规定和政策性的支持。根据原国土资源部的统计，截至 2009 年底，主要的石油天然气公司通过出资入股方式取得的用地数量一般也较少，占地总量不足 1%。[3]总之，对作为企业法定财产权的国有土地作价出资（入股）的土地使用权，新设企业根据企业发展的需要有权依照相关法律、法规的规定进行转让、出租和抵押。与国有土地租赁政策一样，源于企业改制的作价出资（入股）方式也成为国有土地有偿使用的法定政策之一。

（五）国有土地授权经营

国有土地授权经营，是指自然资源主管部门将一定期限的国有土地使用权作价后，授权给国有独资矿业公司、国家控股的矿业企业、集团矿业公司进行经营管理；被授权的矿业企业可以将其取得的土地使用权向其直属、控股或参股的企业以作价出资、入股、租赁的方式对土地资产进行再配置的行为。这些被授权的公司一般是特大型且受到国家大力扶持的国有矿业企业，而中小国有矿业企业、民营矿业企

---

[1]　中央直属企业由国家指定的国有土地资产持股单位向国家土地管理局直接提出申请，地方企业由省（区、市）政府拟定的土地资产持股单位向省级土地行政管理部门提出申请，省级土地行政管理部门审核后报国家土地管理局，经国家土地管理局审查批准后，凭批准文件才能作价入股。

[2]　例如，试点企业依法办理土地使用权出让手续，签订出让合同并交付国有土地使用权出让金后，可以以土地使用权向股份公司折价入股。

[3]　中国土地矿产法律事务中心，国土资源部土地争议调处事务中心.矿业用地管理制度改革与创新[M].北京：中国法制出版社，2013：91.

业等不可能成为授权经营国有土地使用权的权利主体，也不可能享受到这种用地政策带来的便利。根据原国土资源部的统计，截至 2009 年底，主要的石油天然气行业公司通过授权经营的方式取得的用地数量占到了总用地量的 25% 左右。[1]

国有土地授权经营体现了我国一定时期的产业政策，是国家为支持国有企业改革，对国有企业改革中涉及的划拨土地使用权进行资产再配置的一种行为。首先，国有土地使用权授权经营必须依法审批。国有土地使用权授权经营的程序是：首先由相关自然资源主管部门审批，通过相关资质审核后，自然资源主管部门发给土地使用权申请人国有土地使用权经营管理授权书，用地企业人后持土地使用权经营管理授权书和有关文件资料，按法定程序办理变更土地的登记手续。其次，授权经营土地使用权的处置权具有限制性。集团公司可以将其合法享有的土地使用权自由转让给所属的直属企业、控股企业、参股企业，但所转让的期限不得超过原规定的土地使用权期限。但集团公司若改变原土地用途或向其以外的用地主体进行转让，则必须满足自然资源主管部门批准和补缴相应土地出让金两个条件。另外，集团公司在行使土地使用权时必须接受自然资源主管部门的监督和管理。最后，授权经营土地使用权具有更大的灵活性。国有土地授权经营与国家作价出资（入股）方式相比较而言，集团公司通过前一种方式取得授权经营土地使用权后，可以采取作价出资、入股、租赁等方式向其所属的企业进行土地资源的再分配，企业具有自主分配和处置土地使用权的权利。而企业通过后一种方式取得土地使用权的，自然资源主管部门才是决定土地处置和配置的实质权利主体，矿业企业处于被动接受的局面。

另外，涉及国有土地授权经营的规范性文件主要有：1999 年发布的《国土资源部关于加强土地资产管理促进国有企业改革和发展的若

---

[1] 中国土地矿产法律事务中心，国土资源部土地争议调处事务中心. 矿业用地管理制度改革与创新 [M]. 北京：中国法制出版社，2013：93.

干意见》，该文件对土地授权经营政策的适用范围作出了进一步细化，规范了该用地取得方式的范围；2001 年原国土资源部发布的《关于改革土地估价结果确认和土地资产处置审批办法的通知》，该文件对土地授权经营处置方式的审批权限作出了明确的规定。近年来，少数符合条件的大型国有矿业企业普遍利用该用地政策取得企业所需的矿业用地。

（六）临时采矿用地的改革试点

临时采矿用地是指矿业权人与土地权利人按合同约定在一定期限内占用农用地进行矿产开采，但不办理农用地转用和征地手续的临时性用地。临时采矿用地改革试点始于 2005 年的广西平果县铝土矿采矿用地方式改革，该试点自开展与拓展以来，一直本着既保障矿业企业用地的需要，又严格保护耕地数量和质量，并维护农民土地权益的原则，得到了原国土资源部及社会各界的大力支持和广泛关注。截至 2013 年 6 月，国家已在广西、山西、云南、内蒙古、辽宁五个省（自治区）开展了临时采矿用地方式的改革试点。[1] 临时采矿用地是对农民集体所有土地用地方式的变通，由原来先征收后出让的方式，改革为临时用地的方式，矿业权人使用完相应的采矿用地后必须及时复垦并交还给农民。临时采矿用地的范围是有限制的，比如对于矿山工业场地、矿山运输公路及尾矿设施等永久性建（构）筑用地，仍应按建设用地的相关管理制度以出让的方式取得。总之，临时采矿用地作为矿业用地取得方式的改革，其成功实践更有利于促进矿业用地的及时复垦与循环利用，在减少征地规模的同时提高了土地资源的节约化与集约化，更有效地保护和实现了耕地红线的工作任务，最终切实维护了农民对集体土地的权益。

---

[1] 王素萍.完善我国矿业用地管理的几点思考［J］.发展研究，2014（2）：61-63.

第二节　我国矿业用地的复垦制度

据统计，全国已有各类破坏废弃土地超过两亿千亩，其中因矿山开采而造成的废弃土地超过 6 000 万亩，占全国破坏废弃土地总量的 30%，而且全国仅有 10% 的矿山破坏废弃土地得到了复垦，矿业废弃土地复垦率偏低。[1] 矿业开采在保障我国能源供给的同时，也带来了严重的土地破坏问题。土地复垦的实施关系到我国社会经济的发展、土地的可持续利用及生态安全的保障等。随着生态文明建设工作的展开与推进，我国矿业用地的复垦工作已经成为矿业用地改革实践的重要措施和内容。

一、矿业用地复垦制度的现行立法规定

我国对矿业用地复垦的理解和实施是一个不断探索的过程。2008 年底，原国土资源部颁布了《全国矿产资源规划（2008—2015）》，其中提到国家要加大对历史遗留矿山的地质环境问题的处理力度，并力争到 2015 年，将历史遗留矿山废弃土地复垦率提高达到 30% 以上，到 2020 年要实现土地复垦率达到 40% 以上。[2] 我国矿业用地复垦制度的基本框架主要由《土地复垦条例》及《土地复垦条例实施办法》，《矿产资源法》及《矿产资源法实施细则》，《土地管理法》及《土地管理法实施条例》，《中华人民共和国环境保护法》等法律法规中关于土地复垦的规定构成。

第一，关于土地复垦的概念。从 20 世纪 80 年代开始，我国才真正开始关注和研究土地复垦，这是一种从自发和零散的状态转变为

---

［1］　翟向华. 矿山生态环境恢复治理和土地复垦研究［J］. 中国金属通报，2022（19）：216-218.
［2］　王远，康雁丽，陈英义. 废弃矿山土地复垦监管现状与对策［J］. 环境保护，2010，38（13）：61-63.

有目的、有计划、有组织、有步骤地进行土地复垦的过程。[1]国务院1988年颁布的《土地复垦条例》第二条首次以立法的形式对土地复垦作出了概念界定。土地复垦，是指矿业权人或其委托的相关主体对在矿业开发、建设过程中，因挖损、压占、塌陷、污染等破坏的矿业用地，采取整治措施，使其恢复到可供利用状态的土地修复和治理等活动。这标志着我国的土地复垦工作已经走上了法治化的轨道。2011年国务院对《土地复垦条例》进行了修订[2]，这是我国第一次明确地把土地复垦工作和生态重建目标结合起来，可以说是对土地复垦内涵界定的质的飞跃。总之，矿业用地的土地复垦就是对因采矿和自然灾害而受到破坏的矿业用地，采取修复、治理等措施，因地制宜地使其恢复到土地原本可供利用状态的过程。其目标应是恢复矿业用地的经济价值和生态价值，促进矿业用地的可持续利用和重建生态平衡的目标。

第二，关于土地复垦的原则。土地复垦的原则是长期指导土地复垦工作的法则和标准。《土地复垦条例》中的相关条款对土地复垦的原则作出了明确的规定。首先，"谁毁损，谁复垦"原则。对因生产、建设、开采、利用等破坏的土地，可以由有复垦义务的社会主体自行实施复垦活动，也可以由其他有条件且复垦效果更好的社会主体承包复垦工程或项目。其中，承包复垦土地的，应当以合同形式确立发包方和承包方双方之间的权利和义务。其次，"谁破坏，谁补偿"原则。对生产建设活动中损毁的土地，土地复垦义务人除负责实施以土地修复、治理等为主要内容的复垦外，还应当向因土地损害遭受损失的社会主体支付经济补偿金。再次，符合有关规划和标准的原则。土地复垦义务人或具体的实施主体在编制土地复垦方案时应综合考量土地利用总体规划、城市规划和土地复垦规划的各项要求，

---

[1]　胡振琪，卞正富，成枢，等.土地复垦与生态重建［M］.徐州：中国矿业大学出版社，2008：225.

[2]　土地复垦，是指对生产建设活动和自然灾害毁损的土地，采取整治措施，使其达到可供利用状态的活动。

并在土地复垦工程与项目的实施、验收、评估等活动中严格遵守土地复垦法定的国家标准；若没有国家标准，则以行业标准替代之。最后，复垦的土地应当优先用于农业的原则。土地复垦工作的实施应当综合考虑复垦后土地利用的社会效益、经济效益和生态效益。因生产建设活动造成土地损毁的，应当复垦为耕地、草地、林地、养殖用地，但以恢复为农业用地为优先目标。

第三，关于土地复垦工作的试点启动和展开。从 20 世纪 90 年代开始，原国家土地管理局陆续在全国设立了 12 个土地复垦的试验示范点，开始了矿区土地复垦的试验和推广工作。1995 年，原国家环保局、原土地管理局、原地质矿产部、原统计局四部局联合组织并开展了全国矿区生态环境破坏与恢复重建的调查研究，其中矿业用地的复垦工作成为调查的重点。以内蒙古自治区的矿区为例，该调查组对 40 家国有大中型矿业企业（占全区国有矿业企业总数的 7.03%）的基本情况、环境管理制度执行情况、矿山用地及重建情况、矿业企业污染与治理情况、次生地质灾害情况等多项指标进行了考察。[1]经过多年的复垦示范实践，我国总结积累了一定的复垦经验与教训，为矿业用地在新时期的复垦工作奠定了坚实的基础。特别是在 2006 年，原国土资源部、原国家发展改革委员会等七部委发布《关于加强生产建设项目土地复垦管理工作的通知》，将编制土地复垦方案作为矿业权申请和建设用地的许可审批的必备条件之一。为了进一步规范土地复垦工作，原国土资源部于 2007 年又出台了《关于组织土地复垦方案编报和审查有关问题的通知》，这是我国矿业用地复垦制度发展的里程碑，其对土地复垦工作有了更为细化和明确的要求。

第四，关于土地复垦的要求及措施。首先，对于生产建设活动损毁土地的复垦。土地复垦义务人在申请建设用地使用权或申请采矿权

[1] 何燕宁，李明珠，张成福．内蒙古矿区生态环境破坏与重建现状调查［J］．内蒙古环境保护，1998，10（2）：42，24．

时就必须附带有关报批材料报送土地复垦方案。土地复垦方案达标是自然资源主管部门批准申请的必要条件。若矿业权人在《土地复垦条例》颁布实施前就已经取得矿业用地或采矿权，则必须向相关行政部门提交补充编制的土地复垦方案。土地复垦义务人在测算生产成本或建设项目总投资时，必须将土地复垦费用列入其中，并建立土地复垦质量的控制制度，对土地损毁情况进行动态监测和评价。另外，土地复垦义务人必须在每年度的 12 月 31 日前向所在地县级以上人民政府的自然资源主管部门详细报备土地的损毁情况、土地复垦工程的实施情况、土地复垦费用的使用情况等。其次，对于历史遗留损毁土地和自然灾害损毁土地的复垦。土地复垦的原则及实施工作和前项略有不同。一般而言，县级以上人民政府会投入相应的复垦资金进行土地复垦活动，或者为吸引社会多元主体投资并参与复垦活动而实施"谁投资，谁受益"的土地复垦政策。若损毁土地的权利人明确并有条件实行复垦活动，则可以采取扶持、优惠政策，鼓励土地权利人自行复垦；若政府投资进行土地复垦，则有关部门必须通过公开招标的方式来确定相应的施工单位。再次，对于土地复垦的验收。土地复垦义务人或具体实施人在完成复垦活动后，应当向复垦土地所在地的自然资源主管部门提起验收申请，而接到验收申请的自然资源主管部门则联合同级主管林业、农业、环境保护等的有关部门进行实质性的验收。对于由政府单独投资实施的土地复垦工程在项目竣工后，应当向上级人民政府的自然资源主管部门提起验收申请。复垦为农用地的，验收部门应当在该宗地验收合格后 5 年内对土地复垦效果进行跟踪评价。最后，对于土地复垦激励措施。土地复垦义务人在规定期限内完成复垦任务并验收合格后，有权要求依照有关税收法律法规的规定退还已经缴纳的耕地占用税。社会投资或土地权利人自行进行土地复垦的，政府给予相关土地的利用优惠政策或补贴。

二、矿业用地复垦制度的必要性和意义

随着人类对资源开发利用强度的不断加大，矿业权人损毁了大量的土地；废弃土地作为资源开发利用过程中无法摆脱的伴生物，目前已演化为矿区生态危机中最为显化、外化的对象。[1]我国过去偏重矿产资源的开采，忽视了对土地资源的生态保护，虽然20世纪50年代有矿区对土地进行复垦，但那仅是企业在用地紧张的压力下的自发行为，到了20世纪80年代，由于我国长期没有专门的关于土地复垦的立法，以及指导土地复垦的优惠政策与经费渠道，我国土地复垦率极低，大概不到1%。土地复垦作为恢复和发展土地利用价值的重要活动，是一条解决我国长期性的土地资源供需矛盾的有效途径，对我国生态文明建设和社会经济发展具有重大的战略意义。

第一，矿业用地复垦制度是缓解人地矛盾的有效措施。首先，矿业用地复垦工作的展开有利于解决矿区人地矛盾突出与大量废弃矿业用地长期闲置并存的局面。若对其中的损毁土地进行复垦，势必会有一大部分的毁损土地被重新利用。截至2020年，全国累计损毁土地超过1 200万 hm^2，我国土地复垦率不足30%，远低于发达国家85%的水平，矿山生态环境整体恶化，并危及耕地资源安全。[2]其次，矿业用地复垦工作的展开以实现矿区废弃土地资源的再次开发和利用为目标，使得矿区可利用土地资源的总量保持总体稳定。矿业用地复垦的实施与推进，可以有效提高矿区废弃土地的利用效率，实现矿区土地资源总量的动态平衡。最后，矿业用地复垦工作的展开有利于改善矿业企业与当地政府、农民群众的关系，保障社会稳定。矿业企业在矿业活动中对土地的占有和破坏，最终

---

[1]　刘抚英.中国矿业城市工业废弃地协同再生对策研究［M］.南京：东南大学出版社，2009：231.

[2]　王萌辉.矿区土地复垦与生态修复综合标准化研究［D］.北京：中国地质大学，2019：1.

会加大政府的生态保护责任，损害农民群众的土地权益。例如，因煤而建、因煤而兴的安徽省淮北市因采煤塌陷土地35万亩，30多万农民部分或全部失去土地，2万余亩山体遭采石破坏，地下水降落漏斗区近300km²。截至2018年，淮北市已累计投资100多亿元治理采煤塌陷地18.2万亩，搬迁村庄275个，10多万被征地农民实现再就业，近20万搬迁群众得到妥善安置。[1]矿地矛盾随着矿业和社会经济的发展日益尖锐，唯有通过矿业用地的复垦，贯彻"十分珍惜和合理利用每一寸土地，切实保护耕地"的土地资源节约和管理政策，重新开辟农民群众的生产和生活门路，才能从根本上解决矿业用地的矛盾，并且促进整个矿区地域内的稳定与和谐。

　　第二，矿业用地复垦制度是改善矿区生态环境的重要保障。首先，矿业用地的复垦是矿区生态伦理的演进与发展。生态伦理通常是指人类与生态环境及其中的生命物种之间的关系伦理。[2]生态伦理是人类对其与生态环境、生态要素之间的伦理性认知与肯定，意识到人与自然共生共荣的自然规律，是人类在文明演进中体悟到的生存智慧。生态伦理思想是人类在大自然千百万年的演化中逐渐体悟到的如何与其他生命物种同舟共济、共生共荣的生存哲学。然而，矿产资源的勘探与开采在促进社会经济迅速发展的同时，带来了矿区生态环境严重恶化的后果，极大地破坏了人类信奉的生态伦理价值观。与商业用地、工业用地、农业用地等相比，不管矿业权人对矿产资源的开采方式是露天开采还是井工作业，直接的后果都是矿区的生态和地貌发生根本性的变化，特别是使开采区内的土地遭到诸如水土流失、土地塌陷、土地沙化等损毁，这些损毁甚至是难以恢复的。[3]矿区的生态危机促使人

---

[1]　洪曙光.安徽省淮北市采煤塌陷地综合治理纪实[EB/OL].（2018-05-04）[2023-03-19]中华人民共和国自然资源部.

[2]　陆爱勇.论《老子》"自然"的生态伦理内蕴[J].河南师范大学学报（哲学社会科学版），2012,39（1）:69-72.

[3]　赵淑芹，许坚，钟京涛.中国矿业用地现状分析[J].农业工程学报,2005,21（S1）:150-153.

们更加重视生态伦理观，要求通过土地复垦的方式实现生态修复和以生态建设为中心的变革。其次，矿业用地的复垦是矿区生态管理的善治与流变。生态管理是指人类运用生态学、管理学、经济学和社会学等跨学科的原理和现代科学技术来规范人类行为对生态环境的可能性影响，并力图在经济发展和生态保护之间平衡与协同，最终实现经济增长和生态环境保护的协调发展。[1]相关资料显示，截至 2020 年，全国矿山开采占用损毁土地 5 400 多万亩。其中，正在开采的矿山占用损毁土地 2 000 多万亩，历史遗留矿山占用损毁 3 400 多万亩。[2]土地复垦的各项政策、制度、措施及实施效果在很大程度上推动了生态管理工作的顺畅进行。最后，矿业用地的复垦是矿区生态责任的重构与履行。生态责任是指社会成员追求与实现自然生态系统平衡、稳定或人与自然和谐共生的特定责任，其本质反映的是人对生态环境的一种法律责任关系[3]。矿区的土地复垦是一项综合性的环境治理工程，不仅是对被破坏土地的使用价值的恢复，还是对该土地生态功能的恢复。总之，矿业用地的复垦是保证人民群众生命财产安全、治理矿区生态环境问题、履行矿区生态责任的根本途径。

第三，矿业用地复垦制度是焕发矿业企业活力的创新方式。首先，矿业用地的复垦减轻了矿业企业的经济负担。根据原国土资源部颁布的《矿山地质环境保护规定》第十六条的规定，开采矿产资源造成矿山地质环境破坏的，由采矿权人负责治理恢复，治理恢复费用列入生产成本。而且《土地复垦条例》第十一条、第十二条规定，矿业企业作为土地复垦义务人要编制复垦方案，对复垦费用、复垦计划等作出专项性安排。矿业企业就矿区被破坏的土地大多会

[1] 潘祥武，张德贤，王琪．生态管理：传统项目管理应对挑战的新选择［J］．管理现代化，2002（5）：39-43．

[2] 乔建华．全国矿山开采占用损毁土地约 5 400 多万亩，如何做好废弃矿山生态修复？［EB/OL］．（2020-09-29）［2023-03-19］．澎湃新闻．

[3] 姚海娟．政府生态责任的缺失与重构［J］．求索，2011（6）：97-98，84．

对土地权利人进行经济赔偿，或者由国家征收土地再安排群众的生产、生活，而这些都大大地增加了矿业企业的生产成本和经济负担。若矿业企业顺利实现矿区的复垦绿化任务，则有权向相关行政部门要求返还已经缴纳的相关税费，还可以减少征用矿业用地的数量，从而降低矿业企业的用地成本。其次，矿业用地的复垦加快了矿业企业的转型与升级。矿业企业凭借多年积累的技术优势和丰富的矿产资源优势，开采大量的矿产资源，并辅以矿产品的加工，以换取巨大的经济利润，实质上是通过消耗矿产资源储量来换取企业的成长与发展。[1]矿业企业升级是从过去产量规模为导向的发展方式，升级为更加注重矿产品的效益、环保与可持续发展的方式，不断提升企业竞争力。矿业用地的复垦进一步提高了矿业企业对矿区土地资源的再利用和控制，以绿色矿山和资源再利用来支撑矿业企业的转型升级。最后，矿业用地的复垦是矿业企业实现社会责任的重要途径。企业的社会责任是指企业对包括股东在内的利益相关人的综合性的社会契约责任，这种责任包括经济责任、企业法律责任、企业伦理责任和慈善责任。[2]矿产资源的禀赋条件对矿业企业的发展起到了关键性的作用，矿业企业的生产活动中不可避免地会对矿区的生态环境造成破坏和污染。对矿业企业而言，其社会责任更多地体现为保护矿区生态环境方面的伦理责任。而土地复垦正是针对被破坏的矿区土地的修复和整治的专项活动。做好矿区的复垦、复绿工作，使矿区生态环境实现良性循环，更有利于矿业企业切实履行其社会责任。

---

[1]　翟春霞，王浦，周进生.和谐社会下我国矿业企业的社会责任研究［J］.中国矿业，2012，21（11）：18-22.

[2]　王浦，周进生.低碳经济视角下中国矿业企业的社会责任研究［J］.中国人口·资源与环境，2012，22（S2）：46-49.

第三节　我国矿业用地的退出制度

矿业用地是矿业权人行使矿业权而产生的用地类型，其最重要的功能是承载矿业活动。与其他建设用地类型相比，矿业用地呈现出明显的周期性特征，即"准入—利用—衰退—退出"。在矿业活动结束后，矿业用地对矿业权人的利用效益与价值大打折扣，矿业用地转变为原农业用途或转为其他用途的建设用地类型。总之，矿业用地的退出制度对盘活采矿废弃地、提高土地利用率和促进土地有效流转具有重大意义。

一、矿业用地退出制度的现行立法规定

矿业用地退出制度的内容分为探矿用地的退出和采矿用地的退出两个部分。但由于临时用地方式成为探矿用地的主要供地方式，且探矿用地对矿业权人而言不是实质性地土地占有，对土地的利用也不造成实质性的损害，一般容易恢复原状。因此，探矿用地的退出较为简单，由探矿权人复垦并恢复土地原状后交还土地相关权利人即可；若不能恢复原状，则按土地毁损程度、地上附着物和青苗损失，参照征地补偿标准给予土地权利人相应的补偿。本节着重阐述关于采矿用地退出的现行立法规定。

（一）通过划拨方式取得的长期采矿用地的退出

土地使用权的划拨实质上是行政划拨，矿业权人必须经过县级以上人民政府的批准，再由同级自然资源主管部门实施，才可获得相应划拨土地的使用权。由此可知，政府是国有土地划拨的具体实施者，也理应作为划拨用地的收回主体。在矿业开采实践中，采矿用地使用权的期限与采矿权的期限经常不一致，尤其是在矿业企业的土地复垦后，无法将其有效退出，因此常会导致大量矿业用地闲置而无法发挥

最大功效，最终造成土地资源的浪费。为此，国家相关法律法规对以划拨方式取得的长期采矿用地的退出作出了具体的规定。

一方面，按国家相关立法规定，政府可以无偿收回划拨的采矿用地。对于划拨采矿用地而言，采矿活动的衰退和结束意味着矿业权人的矿业权逐渐消灭。《土地管理法》第五十八条[1]和《城镇国有土地使用权出让和转让暂行条例》第四十七条[2]对采矿用地使用权的收回和退出均有明确、细致的规定。另外，2008 年发布的《国务院关于促进节约集约用地的通知》也明确了政府依法及时收回划拨用地的规定，即严格落实被损毁土地的复垦责任，并实现再次利用复垦土地，但对因单位撤销、迁移等停止使用，以及经核准报废的公路、铁路、机场、矿场等使用的原划拨土地，应依法及时收回并重新安排使用；除可以继续划拨使用的外，经依法批准由原土地使用者自行开发的，按市场价补缴土地价款。

另一方面，政府在无偿收回划拨的采矿用地时，需要对土地使用权人进行合理的补偿。政府在收回划拨采矿用地的实践中，矿业企业往往以各种理由进行阻挠，这对土地收回工作产生了一定的障碍。矿业企业提出的最为典型的理由是，虽然有关政府是无偿地将土地划拨给其使用，但是矿业企业在取得划拨土地时支付了一定的对价，承担了相应的成本，这种"无偿"仅仅是指没有缴纳土地出让金而已。例如，国有划拨的土地通常需要通过征地获得，征地补

---

[1]　《土地管理法》第五十八条规定，有下列情形之一的，由有关人民政府自然资源主管部门报经原批准用地的人民政府或者有批准权的人民政府批准，可以收回国有土地使用权：（一）为实施城市规划进行旧城区改建以及其他公共利益需要，确需使用土地的；（二）土地出让等有偿使用合同约定的使用期限届满，土地使用者未申请续期或者申请续期未获批准的；（三）因单位撤销、迁移等原因，停止使用原划拨的国有土地的；（四）公路、铁路、机场、矿场等经核准报废的。依照前款第（一）项的规定收回国有土地使用权的，对土地使用权人应当给予适当补偿。

[2]　《城镇国有土地使用权出让和转让暂行条例》第四十七条规定，无偿取得划拨土地使用权的土地使用者，因迁移、解散、撤销、破产或者其他原因而停止使用土地的，市、县人民政府应当无偿收回其划拨土地使用权，并可依照本条例的规定予以出让。对划拨土地使用权，市、县人民政府根据城市建设发展需要和城市规划的要求，可以无偿收回，并可依照本条例的规定予以出让。无偿收回划拨土地使用权时，对其地上建筑物、其他附着物，市、县人民政府应当根据实际情况给予适当补偿。停止使用土地的，市、县人民政府应当无偿收回其划拨土地使用权，并可依照本条例的规定予以出让。不过，当政府无偿收回划拨土地使用权时，对其地上建筑物、其他附着物应当根据实际情况给予适当补偿。

偿等成本则需相关企业自行承担。《城镇土地使用税暂行条例》明确了城镇土地使用税的纳税人为工矿区范围内使用土地的单位和个人。另外，国家相关部门也逐步认可了划拨土地使用权的价值。根据国有企业的具体情况，这种有偿制度主要通过国有土地使用权出让、国家以土地使用权作价出资（入股）、国有土地租赁、保留划拨用地等方式处置国有土地的使用权。原国土资源部于 2001 年发布了《关于改革土地估价结果确认和土地资产处置审批办法的通知》，为国有划拨用地的价值认定及估价提供了政策和法律依据。该文件明确了企业改革过程中，国家对企业用地政策的扶持和优惠[1]，特别对如何处置以划拨方式取得的土地使用权作出了明确的规定。

（二）通过出让方式取得的长期采矿用地的退出

矿业企业通过出让方式取得的矿业用地是等价有偿的，该企业除了可以通过技术手段获取地表及地下的矿产资源，还可以让其使用的矿业用地进入二级市场用于抵押、出租或其他经济性投资行为。况且，2002 年原国土资源部颁布的《招标拍卖挂牌出让国有土地使用权规定》也已明确了国有土地使用权出让的方式有协议出让、招标出让、拍卖出让和挂牌出让四种。这意味着当采矿活动结束后，矿业企业在土地使用权期限内有自主决定如何处理土地的权利。总之，矿业企业利用采矿用地的方式、效果及意义均具有私益性质。对于矿业企业来说，矿业用地的退出具有一定的自主性和灵活性，但存在以下两个方面的现实问题。

一方面，矿业企业的采矿用地使用权的年限一般高于其采矿权的年限。《城镇国有土地使用权出让和转让暂行条例》第十二条规定，

---

[1]　为支持和促进企业改革，企业改制时，可依据划拨土地的平均取得和开发成本，评定划拨土地使用权价格，作为原土地使用者的权益，计入企业资产。企业原使用的划拨土地，改制前只要不改变土地用途，可继续以划拨方式使用；改制后只要用途符合法定的划拨用地范围，仍可继续以划拨方式使用；改制或改变用途后不再符合法定划拨用地范围的，则应当依法实行有偿使用。

工业用地的土地使用权出让的最高年限为 50 年。在采矿用地的出让实践中，政府通常不考虑矿业生产的实际情形，仅以采矿用地属于工业用地为由，一次性将采矿用地按照 50 年来出让。然而，矿产资源的开采年限因为矿种和开采方式的不同而有所不同。例如，在矿业生产实践中，以露天开采方式作业的开采期限一般为 4~6 年，而以井工开采方式作业的开采期限则一般为 50~60 年，甚至更长。对于露天开采而言，即使将开采年限和复垦年限相加，用地的实际年限也远远低于土地使用权的出让年限。因此，当矿业生产活动结束后，矿业企业不再需要采矿用地，采矿用地的空置和废弃便成为常见的现象。我国在采矿用地退出机制方面的立法不完善，造成了矿业企业废弃土地的堆积和农民占有的土地资源稀缺并存的局面。

　　另一方面，采矿用地置换机制不完善，土地复垦后难以改作其他用途。采矿用地置换，是指矿业企业将本单位已经征收的、被破坏的土地进行复垦，用以交换新的土地，对新土地不再实行征收。[1]该制度既可以降低矿业企业的生产成本，又可以提高矿业企业对土地复垦的积极性，还可以解决矿业用地中的人地矛盾。其中，为支持国有矿业企业的改革，减轻矿业企业负担，充分调动矿业企业对土地复垦的积极性，原国土资源部于 1999 年颁布了《关于土地开发整理工作有关问题的通知》，该文件规定了矿业企业可以通过土地复垦活动等量置换相应矿业用地的精神和原则[2]。但遗憾的是，该文件并没有规定采矿用地置换的具体操作程序，矿业企业在实践中并没有置换的途径和机制。

[1]　中国土地矿产法律事务中心，国土资源部土地争议调处中心.矿业用地管理制度改革与创新 [M].北京：中国法制出版社，2013：135.

[2]　矿业企业在征得农村集体经济组织同意，并经县级以上土地行政管理部门批准后，可以用复垦原有国有废弃地增加的数量和质量相当的耕地，置换因生产破坏的农村集体耕地，原土地权属发生相应的转移。相应土地置换后，被破坏的集体耕地不占当年建设占用耕地计划指标。

（三）"临时采矿用地"改革试点的用地退出

自 2005 年广西平果铝土矿开展采矿用地方式改革试点至 2013 年 6 月，原国土资源部先后批准了 4 批采矿用地改革试点。[1]原国土资源部在采矿用地方式改革试点地区采取了特殊的用地政策，即对于符合相应条件的采矿用地可以按照不征不转的原则实施，具体操作程序可以参照 2004 年的《土地管理法》第五十七条的规定。详言之，矿业企业根据所需占用的土地的权属实际情况，与土地行政管理部门、农村集体经济组织、村民委员会签订临时使用土地合同，并按照合同约定支付临时使用土地补偿费。虽然临时使用土地的期限一般不得超过 2 年，但是按照试点地区的相关政策，矿业企业原则上完成采矿和土地复垦的实施周期不超过 5 年即可。临时采矿用地的退出程序和方式，主要通过矿业企业和采矿用地的土地权利人签订合同加以约束和规范。矿业企业应当严格按照合同的约定将采矿用地复垦为耕地或者恢复土地原农业用途，并在土地复垦结束后交还给原土地权利人。临时采矿用地的改革实质在于破解土地资源的低效利用和保障矿业生产各方的现实利益，试点地区的采矿用地的退出政策具有鲜明的高效性和灵活性。

二、矿业用地退出制度的必要性和意义

矿业用地退出制度主要用来解决矿业权人对矿业用地复垦完毕后或其矿业生产活动终止后，废弃矿业用地处置和矿业用地用途转用、土地使用权流转的问题。按照土地流转法律关系的主体不同，矿业用地的退出可分为土地使用权人之间的横向流转和矿业权人与国

---

[1]　4 批试点分别是：2005 年国土资源部国土资厅函〔2005〕439 号批准的广西平果县铝土矿采矿用地方式改革试点；2011 年国土资源部国土资厅函〔2011〕715 号批准的山西朔州平朔露天煤矿、国土资厅函〔2011〕724 号批准的云南磷化露天磷矿、国土资厅函〔2011〕949 号批准的内蒙古鄂尔多斯市露天煤矿等 3 个采矿用地方式改革试点；2012 年国土资源部国土资厅函〔2012〕1393 号批准的山西省部分露天采矿用地方式改革试点；2013 年国土资源部国土资厅函〔2013〕293 号批准的广西平露天矿扩大试点，国土资厅函〔2013〕398 号批复的辽宁露天矿采矿用地方式改革试点。

家、集体之间的纵向流转。然而，由于我国矿业用地退出制度基本处于立法空白状态，而且我国目前的矿业用地复垦制度并不能解决土地复垦后的有序退出问题，矿业企业堆积的废弃矿业用地与日俱增，该用地同时还占据着当地的建设用地指标，一定程度上造成了土地供需矛盾的紧张局面。因此，矿业用地退出制度作为矿业用地管理制度的重要内容之一，对其进行研究具有重大的理论意义和实践价值。

第一，促进矿业用地的循环使用及利用效率。我国土地资源短缺和浪费并存的现象在矿业用地中尤为明显，亟须通过土地循环利用的方式来改善和缓解。土地循环利用是指相关土地权利人根据所占有土地的现实条件对其进行综合开发、多元利用，通过对废弃土地、污染土地的治理合理利用、反复回用，实现土地资源的多种用途，以提高土地利用率。[1]

矿业企业在实施矿业用地退出之前，必须通过土地复垦和生态修复等综合整治措施，将废弃矿业用地进行治理和恢复，使土地使用价值再恢复和再实现。具体而言，矿业用地复垦的第一目标是将复垦后的土地用于农业，若实在无法作为农业用地，则再根据土地的现实特性发展其他相关产业。矿业用地退出制度的建立，使得矿业企业大量的闲置、废弃地在土地市场中实现交易和流转，或者交还原土地所有权人进行处置。土地资源的循环再利用，大大提高了土地资源的利用效率，起到了保护耕地的切实作用，并实现了土地资源的保值增值功能。土地作为一种可更新的稀缺资源，法律应当赋予其流通性，以实现土地价值的最大化。

然而，土地循环利用是一项复杂而艰巨的系统工程，并不是一朝一夕就能完成的，需要结合矿业生产活动的周期性和阶段性等特点，在符合土地用途管制和土地利用规划的前提下进行。总之，建立顺畅的矿业用地退出制度，不但能提高矿业用地的利用效率，还能促进矿

---

[1] 杨渝红，欧名豪.区域土地循环利用评价研究：以江苏省为例［J］.南京农业大学学报（社会科学版），2009，9（1）：87-94.

业用地对矿业经济的支撑。

第二，提高矿业企业对土地复垦的积极性。按照现行相关法律规定，土地复垦只是一项矿业企业应当依法履行的义务，并不伴随相应的土地收益权。在矿业用地实践中，当矿业权人完成土地复垦后，如果与土地相关权利人没有特别的约定，则应当向土地所有权人或者使用权人交付并返还相应的矿业用地，这意味着复垦后的土地收益权将由土地所有权人或者使用权人享有。虽然土地复垦制度规定了一定的激励措施，比如退还耕地占用税、其他优惠政策或补贴等，但这种总体上义务与权利相分离的状况，导致了矿业企业的土地复垦工作呈现出缓慢推进甚至停滞的现象。

矿业企业对废弃矿业用地的复垦工作重视不够甚至消极应对，究其原因主要是缺乏刺激矿业企业进行复垦工作的现实动力。若在法律上赋予矿业权人复垦土地后一定的土地权益，建立顺畅的矿业用地退出制度，必将加快矿区土地的复垦工作，提高矿区土地利用的社会效益。一方面，矿业企业可通过矿业用地的再交易与流转获得一定的经济收入，经济利益的驱动会大大激励和促进矿业企业积极地履行土地复垦义务。土地复垦活动对矿业企业而言不再是纯粹的义务性质的负担。另一方面，当矿业企业完成土地复垦后，通过矿业用地退出制度可以流转大量的废弃矿业用地，矿业企业不必再为管理和维护对该企业无利用价值的土地而支出不必要的费用，一定程度上降低了企业的生产成本。因此，矿业用地退出制度的设置对促进矿区土地复垦，盘活废弃矿业用地和提高土地利用效率等显得尤为必要和现实。

第三，满足矿业经济持续增加的用地需求。为控制全国建设用地的规模，抑制地方政府盲目投资和形成基础建设泡沫，确保国家耕地面积总量的总体平衡，我国一直实行严格的土地利用年度计划管理制度。国家根据各省、自治区、直辖市的经济增长速度和发展需要，每年核定并给予相匹配的新增建设用地指标，地方政府再根据本地区各行各业的增长速度和发展需要对国家核定后的新增建设用地指标进行二次分配。

　　矿业活动作为保障国家和地区能源安全必不可少的经济活动，每年需要新增大量的建设用地指标。然而，地方政府为了平衡各行业的经济发展，不可能将全部新增建设用地指标分配给矿业企业，甚至即使将全部用地指标分配给矿业企业仍然无法满足其对矿业用地的需求。以中国石油长庆油田公司为例，该企业每年在陕西省境内因油气建设需要用地近 3 万亩，而国家基于土地资源的整体管理目标，配置给陕西省的建设用地指标十分有限，造成了陕西省油气用地建设需要的用地指标缺口达 2 万多亩。[1] 长此以往，矿业企业用地紧张的局面很难得到缓解和解决。

　　建立矿业用地退出制度可以在一定程度上缓解和解决矿业企业矿业用地不足的问题。矿业企业复垦后的土地优先作为农业用地流转，在不适合重新作为农业用地的情况下，可流转为其他建设用地，这样就可以尽量避免建设用地总量的增加。矿业企业通过大量废弃矿业用地的流转可以获取更多的新增建设用地指标。为此，矿业用地退出制度的建立，促进了矿业用地的循环再利用，缓解了矿业用地的供需矛盾，一定程度上满足了矿业企业不断增长的用地需求。另外，矿业企业不必再因矿业用地供给不足而违法用地，矿业活动相关利益者的权益也可得到法律保障。

第四节　我国矿业用地法律制度的评判

　　我国矿业用地的法律制度是指我国在矿业用地方面制定的所有法律原则和规则的总称。虽然我国在矿业发展和土地管理方面取得了一定的成绩，但对具有交叉性质的矿业用地类型，制度建设还稍显不足。本书在前述章节已经对矿业用地的历史演进、基础理论、实践

---

[1]　郑美珍.灵活供地 明确退出：解决采矿用地"两头难"问题[J].国土资源情报，2011（8）：20-22，48.

操作等作了较为翔实的诠释。虽然矿业用地实践中存在的问题有深刻的经济、社会、文化等原因，但究其根源仍在于矿业用地固有的制度缺陷。为此，本小节以期在我国矿业用地的立法价值、权利冲突、规范体系等方面作出更为务实的反思和检讨。

一、矿业用地立法价值取向的失衡

所谓立法价值取向就是指人们在进行立法活动时普遍认同并追求的理念、原则和目标等，其内涵则为各国政府在制定法律规范及制度时，期许通过立法追求的目的或社会效益，或当法律所追求的多个价值目标出现冲突时，对价值目标的抉择和确定问题。[1]简而言之，对立法价值取向的定位过程，实质上就是对立法价值进行界定、判断和选择的过程。正如美国法学家罗·庞德所言，在法律制度调整或安排的背后总有对各种互相重叠或互相冲突的利益进行评价的某种准则。[2]在众多的价值体系中，立法者在矿业立法时势必要作出选择，决定哪些价值应当优先实现，哪些价值可以兼顾，哪些应当限制。我国现行的矿业用地制度是矿业活动中不同的利益阶层为实现共同的利益而进行协调的结果，各利益阶层立足自身利益，对矿业用地的制度安排作出了有冲突的立法诉求，导致当前矿业用地制度的价值取向呈现失衡的态势。

（一）土地使用权社会保障功能的价值取向限制矿业用地的流转

千百年来，土地作为一种极其重要的生产要素，始终贯穿人类文明和社会发展的历程。同时，土地天然的耐久性、保有利益性和投资利益性的特点，使其具有不可替代的保障功能。就我国国情而

---

[1]　吴占英，伊士国.我国立法的价值取向初探［J］.甘肃政法学院学报，2009（3）：10-15.
[2]　罗·庞德.通过法律的社会控制：法律的任务［M］.沈宗灵，董世忠，译.北京：商务印书馆，1984：58.

言，在长期的二元经济结构下，土地自然成了数亿农民的保障之源，兼具生存、就业、医疗和养老的多重保障功能。[1]由于农民独立实现各项保障功能的途径是占有和依靠土地进行生产活动，因此，农民现实生活中最为关心的权益便是土地使用权的享有情况。然而，我国的矿业用地绝大部分属于农村集体土地，农民在未取得实现稳定的生存保障的其他途径之前，不会轻易放弃对农村土地使用权的占有和利用，这意味着土地使用权的社会保障功能客观上限制了矿业用地的流转。

根据《土地管理法》第五十七条[2]的规定可以分析得出，矿业用地涉及农村集体土地的，矿业权人要么先由国家将农村集体土地征收为国有土地，转变其土地性质，然后在国有土地上进行矿产资源的勘探和开采；要么与有关集体组织约定使用其所有的土地，在集体所有土地上行使对矿产资源的勘探和开采。

在第一种情形下，农村集体土地的征收往往因征收程序不透明和补偿标准弹性化且不到位造成不良的社会效果。虽然 2019 年新修正的《土地管理法》已经取消了对土地征收补偿的具体标准的规定，但 2014 年的《土地管理法》第四十七条在实践中仍然有一定的指导和参考作用。例如，第四十七条规定征收耕地的各种补偿费用，为耕地征收前 3 年平均产值的 6 到 10 倍；每个农业人口的安置补助费，为耕地征收前 3 年平均产值的 4 到 6 倍，且土地补偿费和安置补助费的总和不得超过土地被征收前三年平均产值的 30 倍。土地征收的完成意味着农民失去了集体性质土地的使用权，进而可能失去主要甚至唯一的生活来源，现行规定的征地补偿政策则并不能完全保障农民及其一家长期的生活需要。因此，农村集体组织及农民对土地征收有较强的

---

[1]　李晓茜.社会保障功能下的土地承包经营权性质探析［J］.学术界，2009（3）：164–168.

[2]　《土地管理法》第五十七条规定，建设项目施工和地质勘查需要临时使用国有土地或者农民集体所有的土地的，由县级以上人民政府土地行政管理部门批准；土地使用者应当根据土地权属，与有关土地行政管理部门或农村集体经济组织、村民委员会签订临时使用土地合同，并按照合同的约定支付临时使用土地补偿费。

抵触情绪。

在第二种情形下，若矿业权人和农村集体经济组织无法达成一致，矿业权人享有的矿业权则可能出现无法实现的情形。而且，目前农村集体组织在与矿业权人协商矿业用地时，除要求一定的经济补偿外，还要求附加一些政策福利，比如安置该集体组织的内部成员及其子女在当地矿业企业就业等，这就在客观上给双方达成一致带来了一定的阻力。

源于土地使用权的社会保障功能，我国土地立法对国有土地和集体土地采取二元制管理方式。特别是农村集体土地，被认为是农民的"保命田"和"保险田"，倘若农村集体土地不受限制地任意流转，则丧失土地承包经营权的农民便会在社会救济不能及时发放时丧失基本的生活保障。[1] 倘若允许农村集体土地设定抵押或继承，土地承包经营权则极有可能落入集体经济组织之外的其他社会主体手中，进而导致集体经济组织逐步瓦解，不利于农村社会的稳定。[2] 然而，农村社会保障体系的建立和完善应当纳入国家治理体系的范畴，属于一种国家责任，任何一个先进的政府都不应当也没有理由将国家责任完全个人化。另外，农村集体土地的流转并不会改变农民的集体经济组织的社员身份，农村经济的繁荣和农民生活的不断提高才是稳定农村社会的坚固基石。况且，从理论上讲，土地二元所有制中并不存在国有和集体孰优孰劣的问题，国家土地所有权和集体土地所有权主体地位应当是平等和独立的，社会成员不应因户口性质不同而对各自所有的土地享有不同程度的占有、使用、收益和处分的权利。但是以公有制的纯粹性为判断标准进而认为国有土地优于集体土地，或集体所有权私有化的概率更高且更容易受到侵害的观念是比较普遍的。随着社会经济的发展，这种立法理念和价值取向的偏见已经严重与立法初衷脱节，客观上造成了农村集体土地在矿业生产中的流转障碍。

---

[1]　梁慧星，陈华彬.物权法 [M].北京：法律出版社，1997：251.

[2]　江平.中国物权法教程 [M].北京：知识产权出版社，2007：315.

（二）矿业开发与土地管理的价值冲突导致矿业用地的供需
不足

矿业用地是矿产资源管理和土地资源管理的交叉集结地，国家在
制定矿业用地制度时既要考虑具有战略意义的矿产资源的开采特点，
又要考量关乎国计民生的土地资源的使用效益。正如马克思所指出的，
"社会不是以法律为基础的，那是法学家的幻想。相反，法律应该以
社会为基础。法律应该是社会共同的，由一定的物质生产方式所产生
的利益和需要的表现，而不是单个人的恣意横行"。[1]总之，矿业
用地制度的顺畅运行势必会涉及我国矿业开发政策和土地管理体系两
方面的有效融合。从我国目前的矿业用地实践情况来看，矿业开发政
策和土地管理体系在价值取向上的冲突和不协调，在很大程度上是导
致矿业企业用地紧张和违法现象屡禁不止的重要原因。

从矿业开发的政策来看，我国的矿业开发目前秉持的理念是
"从归属到利用"。我国历来推行矿冶专营、禁止或者限制私营的政
策[2]，更加关注的是矿产资源所有权的归属问题。我国目前仍然实
行矿产资源国家所有的单一所有制，如我国《宪法》第九条、《民法
典》第二百四十七条和《矿产资源法》第三条都明确规定了矿产资源
属国家所有。在自然资源领域，国家强调对矿产资源享有全面、绝对
的所有权主体地位，这体现了政府为维护社会公共利益、国民经济健
康发展和国家安全与稳定而进行宏观管理的合理性。然而，从"谁所
有，谁利用"的财产单极利用，到一个物上存在多个利用主体，共同
分享同一物的财产多极利用方式，是社会发展的总体趋势和方向。[3]
而且，矿产资源的国家所有制与建立矿产资源的要素市场之间并不存
在冲突，矿产资源从单极利用到多极利用的转变是我国矿业开发政策

---

[1]　马克思，恩格斯．马克思恩格斯全集：第 7 卷［M］．北京：人民出版社，1965：427.
[2]　田凤山．国土资源行政管理［M］．北京：地质出版社，2000：109.
[3]　李显冬．确立矿业物权理念构建和谐的矿产资源开发管理秩序［J］．国家行政学院学报，2006
（3）：59—62.

最直接的体现。矿产资源从归属到利用理念的转变，不但实现了矿产资源使用价值的最大化，而且可以充分发挥矿产资源权利的功用，进而提高社会经济效益。

从土地管理体系来看，我国建立的是国家所有与农村集体所有的二元制土地产权模式。我国《宪法》和《土地管理法》均对我国土地所有权二元制有具体规定。[1]我国二元制土地产权模式，从根本上排除了土地私有制，形成了具有中国特色的土地公有制的总体框架。从民法所有权理论的角度来看，国家所有和集体所有只是所有权的类型、调整土地的范围不同而已，任何一种所有权均应包含完整的占有、使用、收益和处分的权能。从权利平等的视角来看，国家所有和集体所有是所有权的不同类型，每种所有权包含的权利内容及法律地位不应因形式的不同而不同。然而，从权利配置的视角来看，我国集体土地所有权的内容和实现方式均受到了诸多的限制。[2]例如，在使用权的限制方面，我国2004年《土地管理法》有较为明确的规定。[3]而在农村集体土地收益权的限制方面，由于农村集体土地不能像国有土地一样任意在土地要素市场上进行流转，自然会影响农村集体土地权利人的相关收益。在处分权的限制方面，根据2004年《土地管理法》第四十三条的规定，除涉及兴办乡镇企业、村民建设、乡（镇）村公共设施和公益事业建设等可以使用农村集体土地以外，绝大部分建设用地只能依法申请使用国有土地。不过，在2019年《土地管理法》的修正过程中这一规定已被删除，这体现了国家已经开始践行集体性质土地与国有性质的土地同等对待的理念。

综上，在矿业开发实践活动中，一方面，国家积极倡导并建设矿

［1］《宪法》第十条和《土地管理法》第八条规定，我国城市市区的土地属于国家所有，而农村和城市郊区的土地，除法律规定属于国家所有的以外，皆属于农民集体所有，还将宅基地、自留山、自留地的土地所有权形式规定为集体所有。
［2］陈晓军.我国土地二元所有制的失衡与立法矫正［J］.北方法学，2010，4（6）：48-53.
［3］《土地管理法》第四十三和第四十四条规定，任何单位和个人进行建设涉及农村集体用地的，应当依法申请国家征收原属于农民集体所有的土地，将集体土地转为国有土地再进行土地的相关使用；第八十一条规定，对农民集体所有土地利用的限制，若属于非农建设的土地利用用途，绝对禁止对农民集体土地的出让、转让或者出租。

业权的二级市场，使矿业权在不同主体之间充分与公开地流转，旨在充分发挥市场配置资源的基础性作用，进一步激活矿山行业的经济活力，体现矿产资源应有的经济价值。另一方面，面对我国二元土地所有制的极度失衡，国家在固守二元制土地产权模式的基础上，继续限制农村集体土地的使用范围、方式及相关权能，造成农村集体土地在实现其应有权利价值的过程中步履维艰、备受束缚。然而，我国绝大部分矿业用地恰好处于农村集体土地之上，矿业开发与土地管理的价值冲突与制度不协调，客观上对矿业企业取得矿业用地设置了藩篱与障碍，最终导致了矿业用地供需不足。

二、矿业用地法律关系中的权利冲突

矿产资源依附于土地资源而存在，因此矿业权与土地物权及相关居民的环境权之间不可避免地发生着各种紧密联系，而且我国现行的法律法规、地方性立法、政策性文件在矿业用地的规范方面存在诸多不一致的地方，这种制度现实必然会带来各项法律权利之间的冲突与纠纷。这种法律权利的冲突主要体现在两个方面：一是法律权利立法内容方面的冲突；二是法律权利行使方面的冲突。权利冲突体现的是权利主体对相关利益的争夺与博弈。为此，解决矿业用地中法律权利之间的冲突，有利于提高矿业开发的效率，实现社会的公正与稳定。

（一）矿业用地法律关系中的权利解读

在矿业用地法律关系中，权利冲突是一个非常普遍的法律现象，已经成为矿业用地实务界和法学界研究的热点问题，而对其中的法律权利的概念及法律规定的梳理则是研究的首要前提。为此，本节重点阐述矿业用地法律关系中矿业权、土地物权和环境权的概念内涵及权利内容。

1. 矿业权的概念内涵

关于矿业权的概念界定，学者们见仁见智。但长期来看，学者们对矿业权概念内涵的理解从早期的多种学说转向了当今的趋于一致，这在某种程度上反映了我国学界对矿业权相关理论研究的不断深入，也体现了矿业权基础理论发展的繁荣。

矿业权概念的早期观点主要包括以下几种：一是国有矿产资源使用权说，即认为矿业权为国有矿产资源的使用权。[1]该观点以矿产资源所有权的派生物权为基础，提出了矿产资源使用权的概念，但学界已普遍认为在"土地使用权"的背景下，该概念的提出可能造成法律概念的冗繁与混乱。二是矿产资源承包经营权说，即认为采矿权是矿产资源承包经营权，与国有自然资源使用权不是同一性质的权利。[2]该观点与前一种观点有异曲同工之妙，提出的矿产资源承包经营权也会造成类似的冗繁与混乱。三是采矿权说，即认为矿业权就是采矿权。[3]该观点将采矿权视为矿业权的全部范畴，不利于探矿活动的发展，同时不利于对矿业权人权益的全面保护。四是总称说，即认为矿业权是对矿产资源进行勘探、开发、选冶和加工销售等权利的总称。[4]然而将矿业权权利及其内容并列并不符合概念界定的逻辑。总之，关于矿业权概念的早期界定，各学者的认识既有其合理性，也有其局限性，但这些学说都为矿业权基础理论的发展奠定了坚实基础。

矿业权概念的近期观点主要包括以下几种：一是，矿业权是指探矿权人或采矿权人依法在已经登记的特定矿区区域内勘查、开采一定的矿产资源，取得矿石标本、地质资料及其信息或矿产品，并排除他人干涉的权利[5]；二是，矿业权是指权利人经过法定程序的申请与

［1］ 寇志新.民法学：下册［M］.西安：陕西人民出版社，1991：75-76.
［2］ 张俊浩.民法学原理［M］.3版.北京：中国政法大学出版社，2000：383-384.
［3］ 江平，王家福.民商法学大辞书［M］.南京：南京大学出版社，1998：437.
［4］ 何斌，陆永潮.矿政管理概论［M］.北京：地质出版社，1998：28.
［5］ 崔建远.物权法［M］.2版.北京：中国人民大学出版社，2011：372.

批准，在属于国家所有的特定矿区内进行勘探、开采作业，以获取经济利润的权利[1]；三是，矿业权是指符合资质的矿业开采人依照有关法律规定的条件和程序，在特定的矿区和工作区内勘探、开采矿产资源，从而获得矿产品的权利[2]；四是，矿业权（矿权）是指矿产资源行政机关依法设定的、权利人有权在特定区域内对矿产资源进行勘察和对特定矿种进行开采的权利。[3]虽然以上四种观点反映出各学者对矿业权的概念仍然没有取得完全一致的界定，但是各观点的实质内涵也并无明显的差别。

虽然《矿产资源法实施细则》第六条已经明确了探矿权和采矿权的法律定义，但仍没有界定出矿业权的概念。科学地界定矿业权是促进矿产资源合理开发与利用、保证矿区生态环境良好、促进矿业经济可持续发展的重要基础。因此，矿业权是指权利人依法在已经核准的矿区内从事勘探、开采矿产资源，或加工矿产品而获取经济利润，并排除他人干涉的权利。矿业权的权利内容可分为探矿权和采矿权两个部分。其中，探矿权是指矿业权人在依法取得勘查许可证授予的范围内，有权勘查特定矿产资源而不受他人干涉的权利；采矿权是指矿业权人在依法取得采矿许可证规定的范围内，有权开采特定矿产资源、获取矿产品，并不受他人干涉的权利。

2. 土地物权的概念内涵

土地是人类赖以生存和发展的物质载体，自人类社会诞生以来，土地资源所有权的归属和使用权权利体系的设置，便始终与社会的安定与发展密切相关，与社稷的兴衰和人民的福祉紧密相连。[4]我国当前的土地问题承载了厚重的历史积淀和现实重负，而土地物权体系又具有鲜明的中国特色，这对如何重塑矿业用地制度皆具有研究的现

---

[1]　王利明.物权法研究（修订版）：下卷［M］.2版.北京：中国人民大学出版社，2007：287.

[2]　高富平.物权法专论［M］.北京：北京大学出版社，2007：504.

[3]　李晓峰.中国矿业法律制度与操作实务［M］.北京：法律出版社，2007：22.

[4]　王卫国.中国土地权利研究［M］.北京：中国政法大学出版社，1997：85，119.

实必要性。

第一，关于土地物权的概念。土地物权，是指以土地为权利客体，以占有、使用、收益和处分为行为内容的一系列权利的综合集合体。[1]从我国土地制度运行的现状来看，土地物权主要包括土地所有权、土地使用权和土地他项权利三项权利束。其中，土地所有权，是指土地所有者依法对特定土地享有占有、使用、收益和处分，并排除他人干涉的权利。土地使用权和土地他项权利皆是土地所有权派生出的物权类型，是土地相关权利人依法对土地加以利用并取得收益的权利。土地他项权利是指前两项土地权利之外的与土地有密切关系的权利，一般包括土地的抵押权、租赁权和地役权等。

第二，关于土地物权的基本属性。一是，土地物权具有排他性。根据权利类型的不同，土地物权可以是独立主体享有，也可以是多个主体共同享有，并排斥其他人对该项土地享有的权利。土地作为稀缺资源，对其进行产权界定和权利明晰显得极其重要。二是，土地物权具有合法性。土地物权必须经过登记，才能得到法律的承认和有效保护，但对于土地承包经营权，登记仅被视为一种备案，不代表土地变动的效力，是一个例外。三是，土地物权具有相对性。在我国土地所有权公有的体制下，任何个人和非农村集体经济组织对土地仅依法享有土地使用权和他项权利。土地权利主体在行使相关权利时，有可能受到来自社会或国家的最高权力机关的控制和约束，具有相对性。

第三，关于土地物权的立法体系。我国依法确立的土地制度是国家土地所有权和集体土地所有权的二元土地公有制度，国家或农村集体经济组织依法对其范围内的土地进行占有、使用、收益和处分，但集体土地在使用和流转方面受法律的相关限制。我国关于土地权利的法律规定散见于《宪法》《民法典》《土地管理法》等众多的法律、

[1] 万俊.构建矿业权与土地物权的冲突解决机制[J].云南地理环境研究，2005，17（6）：87-90.

法规或部门规定中，且土地物权立法体系的构建是在当时的政治、经济制度的影响下确立的。比如，我国《宪法》第十条[1]和《土地管理法》第十条[2]对土地物权的相关规定。

3. 环境权的概念内涵

虽然我国还没有对环境权进行明确的立法规定，但其作为一种新兴的、正在发展中的重要法律权利，是环境法理论和实践亟须解决的核心问题。环境权在法律上的模糊定位并不妨碍学者们在理论上对其进行探讨和研究，也不会削弱环境权作为构筑以保护公众环境权益为中心的现代环境法治体系的基石作用。鉴于环境权仍未在我国立法上明确，以下主要是对环境权的理论部分进行探究。

第一，关于环境权的概念内涵。自 20 世纪 60 年代世界范围内提出"环境权"这一概念以来，国内法学界对其概念及内涵的界定至今仍众说纷纭，莫衷一是。其中，蔡守秋认为，环境权就是指环境法律关系主体就其生产、生活所依赖的生态环境所享有的基本权利和承担的基本义务，即环境法律关系主体有合理享受良好品质环境的权利，也有合理保护良好生态环境的义务。[3]这种将环境权界定为既是权利又是义务的方式，稍欠合理，造成了权利和义务内容的模糊，对权利主体行使环境权益有一定阻碍。徐祥民认为，环境权是一种自得权，萌芽于人类所处的环境危机与生态危机并存的时代，是以自负义务的履行为实现手段的保有和维护适宜人类生存、繁衍、发展的自然环境的人类权利。[4]该定义将环境权界定为一种名为权利的纯粹义务，也是值得商榷的。从法学理论的角度来看，权利和义务是相伴而生的，在环境法律关系中一味地设置义务而忽视对权利的设置，对于环境问

---

[1]　《宪法》第十条规定，城市的土地属于国家所有，农村和城市郊区的土地，除有法律规定属于国家所有的以外，属于集体所有；宅基地和自留地、自留山也属于集体所有。

[2]　《土地管理法》第十条规定，国有土地和农民集体所有的土地，可以依法确定给单位或者个人使用。使用土地的单位和个人，有保护、管理和合理利用土地的义务。

[3]　蔡守秋.环境政策法律问题研究[M].武汉：武汉大学出版社，1999：82.

[4]　徐祥民.环境权论：人权发展历史分期的视角[J].中国社会科学，2004（4）：125-138.

题的解决是事倍功半的。邹雄认为，所谓环境权是指自然人享有适宜生存和发展的良好环境的法律权利。[1]这种将环境权主体局限于自然人的设定也是值得商榷的。综合法学界前辈对环境权概念的界定，环境权是指环境法律关系的主体享有适宜生存、品质良好的生态环境的法律权利。环境权是保障社会主体生存之本的基础性权利，也是实现其文明发展的重要权利体系。

第二，关于环境权属性的探讨。朱谦认为，环境权的内容大致包括公众的环境知情权、环境决策参与权以及公众诉权[2]，这三项权利均以维护公共环境利益为目的，是环境法确认和保护的社会权，公益性是环境权的重要法律属性。吴国贵认为，环境权完全有必要被确认为一种新型的权利，并呈现出生态性权利、经济性权利和精神性权利三位一体的属性。[3]而白平则认为环境权是一种社会权[4]，并在环境利益的社会公共性质、环境权的积极权利性质、受益权和程序权相结合的性质、集体权利性质、实现的义务规范性、环境利益的社会公共性方面进行详细的论证。肖巍认为，环境权归根结底具有人权表征[5]，他将公民、政治权利和经济、社会、文化权利从道义走向实现构建在环境权得以确立和实现的基础之上。谷德近认为，虽然环境权的属性与人权、道德权利、自然权利、人格权利、财产权有许多关联，但是并没有准确地揭示环境权的属性[6]，他主张将环境权从本质上当作一种习惯性权利。总之，关于环境权属性的各种学说和实践，都处于不断发展的过程中，不存在孰是孰非的评判，对环境权属性的探究关键在于有一个全面而客观的认识，这对环境法制体系的建立必将大有裨益。

[1]　邹雄.环境权新论[J].东南学术，2005（3）：134-143.
[2]　朱谦.论环境权的法律属性[J].中国法学，2001（3）：64-70.
[3]　吴国贵.环境权的概念、属性：张力维度的探讨[J].法律科学（西北政法学院学报），2003，21（4）：67-72.
[4]　白平则.论环境权是一种社会权[J].法学杂志，2008，29（6）：63-65.
[5]　肖巍.作为人权的环境权与可持续发展[J].哲学研究，2005（11）：8-13.
[6]　谷德近.论环境权的属性[J].南京社会科学，2003（3）：66-73.

（二）矿业权与土地物权之间的冲突

在我国现行的矿业法规和土地管理法规背景下，矿业权人的矿业权与矿业用地相关权利人的土地物权有着不可避免的冲突。由于矿产资源赋存于地表或地下，对土地有着天然的依附性，矿业权人在勘探、开采矿产资源时必然要对土地进行改造和开发，造成矿业权与土地物权在空间上的交叉与碰撞，导致矿业权人不可避免地与矿业用地上原有的土地相关权利人发生一定程度的冲突与纠纷。

第一，关于矿业权与土地所有权之间的冲突。我国的土地所有权分为国家所有和农村集体所有两种形式，而矿产资源却不分地域和矿种，一律为国家所有。两种所有权体系的错位与不协调，造成了矿业权与土地所有权之间的冲突。一方面，从矿业权与国有土地所有权之间的相互关系看，社会成员在国有土地上实施勘查、开采矿产资源活动前，除需要通过行政特许程序获得矿业权外，还必须合法取得相应矿业用地的土地使用权。《城镇国有土地使用权出让和转让暂行条例》第十二条规定，工业用地出让的最高年限为 50 年，而根据我国矿业法规的相关规定，一般探矿权的存续期限最长为 3 年，石油、天然气的探矿权最长为 7 年，采矿权的存续期限最长为 30 年。然而，在实施矿产资源勘查、开采实践之前，矿业企业对矿业用地的使用期限只是一种大致的估算，而实际的使用期限则很可能短于出让合同中约定的土地使用期限。这造成了矿业企业的沉重负担和土地资源的严重浪费。

另一方面，从矿业权与农村集体土地所有权之间的关系看，按照 2019 年的《土地管理法》第四十四条和第五十七条的规定，矿业权人勘查、开采矿产资源涉及使用集体土地的，应按照征用的法定程序先把集体性质的土地转变为国有性质的土地，再将该土地出让给矿业权人；或者与有关集体组织约定使用其所有的土地。但由于《宪法》第十条又将土地征用严格限制在"公共利益"需要的范围内，且没有对"公共利益"的范畴进行明确，故矿业权人即使在合法取得矿业权之后，也有可能碰到无法取得相应矿业用的土地使用权的尴尬现实，进而无法行使合法的矿业权。

第二，关于矿业权与土地使用权之间的冲突。由于土地使用权和土地他项权利实质上皆是土地相关权利人依法对土地加以利用并取得收益的权利，故此部分论述的土地使用权是包括土地他项权利在内的广义的土地使用权。矿业权与土地使用权的行使指向同一地块时，便会出现何种权利优先使用、如何对另一种权利进行补偿的问题。一方面，物权成立在先原则。根据物权效力优先原则，在已经设立土地使用权的土地上是不能再设立矿业权的，或者在已经设立矿业权的矿区范围内是不能再设立其他土地使用权的，否则行使任何一项权利都会干涉行使另一项权利的自由。但是，对于事关国计民生或者具有战略意义的矿产资源而言，应当终止已经成立的土地使用权而设立矿业权。对于国有性质的土地而言，国家必定会将土地使用权收回并对相关的土地使用权人进行经济补偿；对于集体性质的土地而言，国家会对其进行征用，并对土地所有权人和使用权人进行相应的补偿。对于一般矿产资源来说，往往是在矿业权人的请求下先由土地所有人和土地使用权人达成一致的意思表示，然后终止土地使用权人对土地的使用，进而由矿业权人通过对土地所有权人订立土地使用合同而享有该宗土地的使用权利。[1]

另一方面，土地使用权对矿业权取得的明确限制。法律明文规定了不能设立矿区的地方，并详细列出了限制的范围。[2]另外，我国长期坚持实行最严格的耕地保护制度，18亿亩耕地保护的红线是坚决不能碰的，出于保护耕地的目的，在我国重要的耕地所在地均

---

[1] 李显冬.中国矿业立法研究 [M].北京：中国人民公安大学出版社，2006：359.

[2] 如《矿产资源法》第二十条的规定，非经国务院授权的有关主管部门同意，不得在下列地区开采矿产资源：港口、机场、国防工程设施圈定区以内；重要工业区、大型水利工程设施、城镇市政工程设施附近一定距离以内；铁路、重要公路两侧一定距离以内；重要河流、堤坝两侧一定距离以内；国家划定的自然保护区、重要风景区，国家重点保护的不能移动的历史文物和名胜古迹所在地；国家规定不得开采矿产资源的其他地区。

不能设立矿业权。

（三）矿业权与环境权之间的冲突

矿业生产活动是人类最基本的生产经营活动之一，非科学的掠夺式土地利用方式将严重破坏土地系统的生态平衡。同时，中国当前正处于矿业活动大发展时期，我国日益尖锐的人地矛盾已经对矿业用地法律制度提出严峻的挑战。土地资源作为生态系统体系中最基本的要素和社会经济发展中最基本的资源，矿业权人合理利用土地是保持土地经济价值和生态价值的必要措施，也是实现整个社会可持续发展的基石所在。从生态文明角度重新审视矿业用地制度，正视矿业权与环境权在矿业生产实践中的关系，亦是法律作为上层建筑适应经济发展方式集约化的现实需要。

矿产资源是自然环境的重要产物，也是生态系统的重要组成部分。人类在对其进行开发、利用、加工及废弃物处置等各环节中的行为活动，无疑会对生态环境的质量和功能造成一定的影响和损害。同时，随着生态文明理念和环境权理念的逐步确立，矿业权人行使矿业权时必然会影响相关环境权利的保障，矿业权与环境权的冲突也会愈发严重。

第一，关于矿业权与环境权之间价值取向的冲突。从价值取向角度来看，环境权着眼于环境资源的生态价值，而矿业权更注重环境资源的经济价值。[1]一方面，矿业权人行使矿业权的最终目的是开采更多的矿产资源，以获取巨额的经济利润，同时满足人民不断增长的资源需求。然而，在矿产资源的开发和利用过程中，矿业权人会过度扰动矿区的自然生态状态，并产生很多无法利用的废弃物，造成矿区生态环境的污染与破坏，这就造成了矿业权主体和环境权主体之间为实现自身权利价值而产生的冲突和博弈。特别是在"人类中心主义"

---

[1] 邓敏贞.经济发展权与环境权的冲突与协调 [J].陕西行政学院学报，2008，22（3）：97-99.

占主导的生态伦理背景下，矿业权人关注的重点是矿业开发活动能够带来的经济效益，经济效益最大化是其唯一的价值取向。这种价值取向带有明显的片面性、纯经济性色彩。

另一方面，环境权以寻求人与自然和谐共生为价值取向。自然环境和人类都是世界的重要组成部分，都具有其存在的内在价值，都具有存在和发展的权利，矿区内人与自然和谐共生也是生态文明建设的价值目标。环境权主体要求矿区在发展矿业经济的同时，实现自然生态平衡、社会和谐有序以及人的全面可持续发展，最终实现矿区经济效益、生态效益和社会效益的绿色有机统一。总之，矿区生态环境能否得到有效保护，归根结底取决于矿业权人和矿区其他社会主体的自觉和自律，取决于人类在多大程度上自觉认识和尊重自然规律，并主动调整矿业权的行使方式，使得矿业权和环境权在价值目标上具有一致性。

第二，关于矿业权的发展需求与环境权的环保要求之间的冲突。矿业企业行使矿业权的过程实际上就是消耗矿产资源和破坏土地资源的过程，而社会成员行使环境权则必须以一定数量、规模和品质的生态资源要素为前提，二者在矿业用地的利用中存在着微妙的此消彼长的关系。一方面，矿产资源的开采利用保障了人类对能源和原料的需求，是人类生存和社会发展必不可少的元素之一。全球人口不断膨胀，但社会经济运转仍然建立在以矿产资源消耗为主的工业模式之下，矿业的繁荣发展关涉全球经济和人类社会的长期发展。另外，随着我国国民经济的高速持续增长，人们对矿产资源的需求和依赖也是水涨船高，矿产资源的储量、生产、需求三者之间的矛盾日益加剧。

另一方面，矿产资源的开采利用必将对有限的土地资源构成压力，对矿产资源的大面积勘探与开采不可避免地会造成矿区生态资源要素的减少、生态环境品质的降低，矿业经济发展得越繁荣，生态环境就破坏得越严重。我国许多重要的矿产资源利用率极低，矿产资源开发造成的生态和环境破坏严重，给可持续发展带来了压力。

总之，土地资源、矿产资源的有限供给和人类发展的无限需求，引起了矿业权和环境权的冲突。人们既希望社会产品极大丰富，又要求生活环境具有生态品质，权利主体在特定矿区内很难实现矿业权和环境权的平衡。

三、矿业用地法律规范及法律体系的不完善

在所有的社会规范中，法律规范是最正式、也是最重要的一种。自人类之间的交往关系主要被法律所规范以来，除此以外的其他一切社会规范，即使是与分配相关的宗教规范、道德规范、社会习俗规范等皆在调整人类交往行为中退居其次，而成为调整人们行为关系的次要性、辅助性规范。[1]目前，我国矿业用地问题产生的原因概而言之有两个：一是自然原因，即矿产资源蕴藏于地表或地下的自然事实，决定了矿产资源的勘探和开采必然与土地资源存在密切的联系；二是社会原因或称制度原因，即矿业用地中的矿产资源与土地资源的法律制度安排。因此，在矿产资源依附于土地的自然属性不可更改的情况下，我国矿业用地法律规范及法律体系不完善的现实，才是目前造成矿业用地问题的根本原因。

（一）矿业用地缺乏国家层面的专门立法

我国至今还没有一部专门规范矿业用地制度的法律规范。现有的矿业用地的法律规范层级较低，缺乏体系性，主要散见于《土地管理法》《矿产资源法》和《民法典》等法律之中。国家层面的立法缺失造成了矿业用地制度体系的凌乱与不统一，特别是关于矿业用地的概念还没有在立法上得到确认，现行的用地政策也没有考虑矿业生产的实际情况，没有认识到矿业用地不同于一般建设用地的特殊性。目前，有关矿业开发的层级较高的立法仅有 2000 年原国土资源部颁

---

[1]　谢晖.法律规范之为法学体系的核心［J］.学习与探索，2003（6）：35-37.

布的《矿业权出让转让管理暂行规定》，但该规定也仅是对矿业权的流转程序及相关事项作出了详细规定，对相应的矿业用地的流转没有给予重点关注。由于我国矿业管理部门工作的重心始终是矿业权，因此，在矿业权的流转实践中，矿业用地的流转是比照土地流转的相关规定办理的。

从现有的立法现实看，《土地管理法》主要从国家维护土地制度的角度出发，以调整土地关系为目标，具有很强的行政管理功能。该法第四条规定国家实行土地用途管制制度，将矿业用地视为一般建设用地，没有考虑到矿业用地在主导功能、价值实现、流转方式等方面的特殊性。《矿产资源法》第二十条虽然对开采矿产资源的地区进行了限制——这实质上是对矿业用地准入内容的规定，但并没有明确矿业用地的范围。而且该法在总体上对土地内容的涉及较为少见，远不能满足矿业企业在用地方面的特殊要求。而《民法典》以"明确物的归属、发挥物的效用、保护权利人的物权"为目的，虽然对土地承包经营权、建设用地使用权、宅基地使用权和地役权作了专章规定，但同样也没有关于矿业用地的专门规定。

（二）矿业用地的立法内容滞后

我国矿业用地制度的内容从 20 世纪 90 年代开始一直参照《土地管理法》关于建设用地的规定来办理，造成矿业用地的立法内容滞后，无法满足矿业市场的现行需求与发展，这已经成为制约矿产资源开发利用的重要因素。我国矿业用地的立法内容主要集中在矿业用地的取得和复垦方面，呈现出前瞻性不足和生态意识薄弱的特点。我国实行的是土地公有制，土地资源既是一种具有共享性、垄断性的资源，也是一种具有排他性、竞争性的资源。从整体上看，我国矿业用地立法内容的滞后性具体表现为矿业用地取得方式与社会现实相背离、矿业用地复垦内容前瞻性不足和矿业用地退出机制缺失三个方面。

首先，矿业用地取得方式与社会现实相背离。我国《宪法》第十条、《土地管理法》第二条、《民法典》第二百四十三条均规定对土地实行征收或者征用必须在以公共利益为目的的前提下进行。然而，我国矿业企业目前呈现出以国家、集体、私人、外资企业等为主体的多元化主体特点，即使是国有矿业企业，由于公司制度运营的模式，公司内部股权结构复杂，各种利益主体并存，矿产资源开采的公共利益性也必将受到质疑。在我国矿业用地绝大部分属于农村集体用地的现实情形下，继续沿用土地征收制度的做法，明显已经出现了法律障碍。另外，法律并未规定矿业用地优先权，当后成立的矿业用地使用权与农村集体所有制土地的其他土地物权发生冲突时，法律并没有给出明确的处理办法。其次，矿业用地复垦内容前瞻性不足。《土地复垦条例》第二条规定，我国矿区土地复垦的指导思想还停留在仅仅把被破坏的土地恢复到可供利用，特别是农用的状态；而国外对土地复垦的要求是达到"生态恢复"或"生态重建"的程度，是把被破坏的土地恢复至原貌甚至优于以前的生态状况作为复垦目标。《土地复垦条例》第四条规定，复垦的土地优先用于农业。由此可以看出，我国矿业用地复垦的立法仍然以土地供给和利用为核心，对土地开发利用与生态环境的关系认识不够，对生态文明理念贯彻不足。最后，矿业用地退出机制缺失。我国的矿业用地立法缺乏有关矿业用地退出机制的法律规制，造成了矿区土地资源的闲置与浪费，也增加了矿业企业的生产经营成本。

（三）矿业用地配套制度的立法不全面

我国没有专门规范矿业用地的立法，现行用地政策也没有考虑矿业生产的特殊性和新情况，有些地方"一刀切"的用地政策明显影响甚至阻碍了矿业的发展。[1]矿业用地是一项涉及矿产资源、土地资源、

---

[1]　肖攀.我国矿业用地法律制度研究［D］.武汉：中国地质大学，2011：30.

生态环境等诸多方面的系统工程。因此，为统筹解决矿业用地、农业用地、一般建设用地三者之间的矛盾和冲突，除要对矿业用地的概念、范围、取得方式等内容进行立法规范外，还应该积极建立和完善矿业用地利用规划制度、矿业用地复垦激励制度、矿业用地复垦保证金制度、矿业用地相邻关系制度、矿业用地纠纷解决制度、矿业用地退出制度等配套制度。

矿业用地制度优势的充分发挥，取决于土地资源的科学与合理配置，而土地资源科学与合理的配置，应当依赖于土地配套制度的健全和完善。一方面，进一步完善现有的矿业用地配套制度。例如，国务院于2011年发布的《土地复垦条例》中，对土地复垦义务人设置了以退还耕地占用税、补充耕地指标、进行经济补贴等为主要手段的激励措施，但仍然缺少鼓励和激励公众参与的激励配套制度。另外，根据《财政部 国土资源部 环保总局关于逐步建立矿山环境治理和生态恢复责任机制的指导意见》[1]的指导精神，我国20多个省市已经推行了"自然生态环境治理备用金"或"矿山地质环境保证金"等制度，[2]但其他省区的土地复垦保证金制度仍然无法可依。

另一方面，建立矿业用地的其他配套制度。对矿业用地的利用从地上到地下，从单一到多元，已经具有改造甚至毁灭地质环境的能力，这要求我们创设出能够有效规范人类矿业活动的配套制度。例如，虽然原国土资源部早在1999年便在《关于土地开发整理工作有关问题的通知》中规定了矿业企业可以通过土地复垦的方式置换相应矿业用地，但在矿业生产的实践操作中，由于种种原因，该政策没有得到有效实施，许多矿业企业复垦好的矿业用地无法进行置换或者退还给政府。目前，我国矿业用地的退出程序及办理仍处于无法可依的境况，亟须尽快建立矿业用地的相关配套制度。

[1] 该文件已经明确规定，从2006年起我国要逐步建立矿山环境治理和生态恢复责任机制，全国各地可根据本地的实际情况，选择煤炭等行业的矿山进行试点，以试点成功的经验为基础再全面推开。
[2] 谢忠岩.吉林省建立矿山生态环境恢复保证金制度的探索[J].环境保护，2006，34（19）：34-37.

第四章　中国矿业用地生态修复责任的基础理论研究

习近平总书记所作的党的二十大报告着眼全面建设社会主义现代化国家全局，部署了推进生态文明建设的战略任务和重大举措，指出要"提升生态系统多样性、稳定性、持续性"。另外，包括《民法典》在内的诸多法律法规均涉及了生态修复责任的相关内容，生态修复的重要性再次凸显。众所周知，我国矿产资源丰富，大大小小的矿区分布在全国各地，落实矿业用地修复的法律责任对矿区生态环境的修复具有极为重要的意义，矿区生态环境的修复也是对我国生态文明建设的回应。2019年年底，自然资源部为加快推进矿山生态修复，印发了《自然资源部关于探索利用市场化方式推进矿山生态修复的意见》，明确了对历史遗留矿山废弃国有建设用地可通过赋予矿山生态修复投资主体后续土地使用权的方式激励社会资本投入。这为解决矿山生态修复历史欠账多、现实矛盾多、"旧账"未还"新账"又欠等突出问题提供了路径，极大地推进了矿山生态修复工作。

第一节　矿业用地生态修复法律责任

矿山生态修复是建设生态文明和美丽中国的重要内容，是绿色矿业发展的必由之路，也是重塑矿业形象的必然要求。目前，我国矿山地质环境的恢复和综合治理工作正发生着历史性、转折性、全局性的变化。仅靠一部文件很难完全解决矿山生态修复的实质问题，探究出采矿权人怠于履行生态修复义务的实质原因，并以此提出相应的解决之道意义重大。而对矿业用地生态修复法律责任进行全方位的分析与研究是探究解决之道的重要前提和基础。

一、矿业用地生态修复法律责任的内涵

（一）矿业用地生态修复法律责任的概念

目前，理论界与实务界对生态修复法律责任的表述不太统一，有称生态修复责任的，也有称生态环境责任的，等等。不过，对名称称谓统一的探讨暂时搁置一边，在明确矿业用地生态修复法律责任的概念之前，需要先了解生态修复的概念，这样才能进一步理解矿业用地生态修复法律责任的内涵。从生态学的角度来说，生态修复是一种对环境污染进行修复的方法，一般通过科学合理的生物修复、物理修复、化学修复及技术措施来进行，使用最低的成本达到最好的效果。而从法学的角度来讲，生态修复主要是指对于被破坏的生态环境，遵循相关法律的规定，通过人为作用来对其进行补救。[1] 因此对矿业用地的生态修复要求责任主体在修复过程中，遵循自然规律，选择最合适的矿业用地修复手段，将矿业用地修复至最好的状态。矿业用地在开发、利用过程中涉及多个环境要素，需要多部门跨学科地运用各种手段和措施进行修复，非常复杂，而且矿业用地的生态问题对当地社会经济的发展也造成了极大的破坏。另外，矿业用地修复的时机同样重要，仅仅是在矿业用地被破坏后进行修复是不够的，在矿产资源开采之前就应当做好相应的规划，为生态修复提供前期基础和条件。对矿业用地进行生态修复是为了恢复因为矿产资源开采而被破坏的环境要素，使其恢复到可利用的状态。相比于其他生态修复手段，矿业

---

[1]　吴鹏.浅析生态修复的法律定义 [J].环境与可持续发展，2011，36（3）：63-66.

用地生态修复的环境要素更多，手段更复杂，但是其修复后的土地用途更加广泛，包括土地生产力提高、生物多样性增加、空气质量提高等。因此，矿业用地生态修复法律责任是指行为主体因开发、利用行为破坏了矿业用地所能承受的生态环境的良好状况，需要通过自身或委托第三方做好规划，运用人工手段并遵循自然规律，对受损的矿业用地进行修复及对受影响的权利人进行救济的一种具有强制性的法律责任。

（二）矿业用地生态修复法律责任的性质

关于矿业用地生态修复法律责任的性质，特别是目前状态与恢复原状之间存在诸多争议。恢复原状是承担民事责任的一种重要方式[1]，广义的恢复原状是指恢复至被侵害前的原有状态，其目的主要是维持权利人所享有的完整的权利，但对于不具备恢复可能性的物品，多采用经济赔偿的形式。有学者认为生态修复责任是恢复原状在生态上的体现。[2]还有学者认为，恢复原状与生态修复责任并不能相互替代，是一种新的责任形式。[3]对于违反行政法规的事由，承担的是行政法律责任，对于修复的对象、内容和方式一般是由行政机关决定的，而矿区生态修复的对象、内容及方式一般就是由行政机关决定的，因此有学者认为它是一种行政法律责任。[4]

简言之，生态修复责任是由恢复原状嬗变而来的一类新型的责任方式。关于对生态修复责任法理内涵的理解，首先需要厘清其与恢复原状的关系。"恢复原状"属于我国《民法典》规定的有关民事责任的承担方式之一[5]，主要是指"当民事主体自身的财产遭受

［1］　张文显.法理学［M］.5版.北京：高等教育出版社，2018：169.
［2］　胡卫.民法中恢复原状的生态化表达与调适［J］.政法论丛，2017（3）：51-59.
［3］　康京涛.生态修复责任的法律性质及实现机制［J］.北京理工大学学报（社会科学版），2019，21（5）：134-141.
［4］　胡静.污染场地修复的行为责任和状态责任[J].北京理工大学学报(社会科学版)，2015,17(6)：129-137.
［5］　参见《民法典》第一百七十九条。

非法侵害而受到损害时，对有修理可能的财产，有权要求不法侵害行为实施者进行修理以恢复到不法侵害之前的状态"。[1]生态修复责任是指实施环境污染或生态破坏行为造成生态环境损害而应承担的法律责任。[2]

生态修复责任的内容与恢复原状相比存在较大的差异，主要体现在：①两者的救济对象不同。恢复原状救济的是包括人身权和财产权等在内的民事权利，生态修复救济对象是以公共环境利益为核心的社会权利。②两者修复的标准不同。民法上物的损害理论上可以恢复到原来的功能和状态，而生态环境系统是处于动态平衡的状态，作为修复对象的生态环境从理论上来说不属于民法上的物。因此，修复生态系统与私法领域恢复物体原状不同，修复的标准也与民法的恢复原状不同。③两者救济的方式不同。恢复原状一般要求加害人以修理等方式来修复所破坏的财产，而生态修复不仅需要加害人按生态修复标准来修复，还需要政府的参与和社会公众的监督。[3]因此，不能将两者等同起来。在《民法典》中，生态修复责任与恢复原状责任并没有作并列规定，《民法典》总则第一百七十九条仅规定了恢复原状，没有将生态修复作为独立的民事责任加以规定。因此，笔者认为将第一千二百三十四条规定的生态修复责任理解为民法恢复原状的范畴较为适宜，"生态修复责任"这一特殊责任形式的引入，丰富和发展了民法的"恢复原状"。

《民法典》第一千二百三十四条具体规定了生态修复责任的两种责任形态：一是由侵权人自己进行生态修复；二是由他人替代侵权人进行生态修复。无论是以上哪种责任形态，都是通过直接实施生态修复措施来进行生态修复的。因此，可以将生态修复责任定性为一种行为责任。生态修复责任作为行为责任体现为生态修复行为人利用各类

---

[1] 王利明.民法总则研究［M］.2 版.北京：中国人民大学出版社，2012：508.
[2] 吕忠梅，窦海阳.修复生态环境责任的实证解析［J］.法学研究，2017，39（3）：125-142.
[3] 吕忠梅."生态环境损害赔偿"的法律辨析［J］.法学论坛，2017，32（3）：5-13.

生态修复技术修复受污染或被破坏的生态环境，使其恢复原有的生态功能，从而实现生态利益的填补或续造。相较于金钱赔偿责任方式，生态修复责任对受损的生态环境直接实施修复措施，因而具有更强的直接性、针对性和有效性。生态修复责任具有恢复损害、预防损害、惩戒损害的功能，再加上其是一种行为责任，因此，在适用上更有助于实现惩治环境违法行为和修复生态环境的双重目的。

二、矿业用地生态修复法律责任的适用原则

（一）绿色原则

《民法典》第九条[1]规定的内容被称为"绿色原则"。绿色原则的内涵简单来说分为三方面：既是适用于民事活动，调整民事关系的基本准则，也是一种义务性基础规范，具有普遍的约束力与价值判断，还具有指导性，可以指导民事活动与环境之间的关系。[2]绿色原则中，对资源的节约并不是指民事活动应当节约某一特定的资源，而是指应当考虑这一民事活动从始至终所关联到的所有资源，既要考虑成本，也要考虑收益，不能一味地为了降低成本而忽略收益，同样也不能盲目追求收益而导致成本过高。[3]在矿业用地的生态修复工作中，若为了降低修复成本而导致修复效果差或是为了完全达到被毁坏之前的状态而导致修复成本过高，都是不合理的。生态问题的出现原因多种多样，但制度原因起决定性作用，上层决策者在利用自然资源时若忽视了生态问题的重要性，那么环境问题的出现就会成为必然。民法的内容对资源配置具有决定性作用，如果民法不重视可能出现的生态问题，那么就很可能成为生态问题出现的制

---

[1]　参见《民法典》第九条："民事主体从事民事活动，应当有利于节约资源、保护生态环境。"

[2]　蔡守秋，张毅. 绿色原则之文义解释与体系解读［J］. 甘肃政法学院学报，2018（5）：1-8.

[3]　贺剑. 绿色原则与法经济学［J］. 中国法学，2019（2）：110-127.

度根源。[1]属于民法的问题也应由民法来解决，绿色原则进入民法，是应对生态问题的基本要求。

首先，虽然我国的矿产资源属于国家所有，但是对矿产资源的审批、开采等活动一般由当地政府监管，因此在实践中，一些地方政府为了政绩违法审批，放任矿业企业过度开采、排污量超标、乱砍滥伐等损害环境的行为。绿色原则作为基本原则之一，对于当前出现的情况可以进行指导并有效避免上述问题。有了绿色原则的指引，在对矿产资源进行开采时，能做好审批与监管，从开采矿产的第一步就向着有利于生态环境的方向努力。其次，我国目前关于环境方面的单行法有近 40 部，这些法律赋予不同部门不同的权力，导致在使用时有明显的利益侧重，且缺乏协同性。绿色原则进入《民法典》，对相关法律中的民事法律规范有显著的指引作用。再次，绿色原则作为民法的基本原则，民法的内容应贯彻绿色原则，对绿色原则的贯彻可以更好地保证环境保护制度的落实，更好地协调经济发展与生态环境保护的价值。最后，绿色原则是一种不确定性规定，与成文法中确定性的内容相互协作，用于解决未来可能出现的、现有条文无法解决的环境问题。

（二）生态正义原则

随着生态破坏和环境污染问题日益突出，人们越发追求正义价值。生态正义是关于自然生态的正义理论，意指全体人类正当合理地开发利用生态环境和生态资源，在对待自然生态和自然环境的问题上，不同国家、地区或群体之间拥有平等的权利，承担相同的义务。[2]人类在有限的生态环境中，为最大化地实现生态利益，纷纷对其掌控范围内的生态资源进行争夺。生态正义认为人与自然应该

---

[1] 吕忠梅课题组，吕忠梅，竺效，等."绿色原则"在民法典中的贯彻论纲［J］.中国法学，2018（1）：5-27.

[2] 李永华.论生态正义的理论维度［J］.中央财经大学学报，2012（8）：73-77.

和谐相处，同时也应保证人在利用和保护自然时享有同样的权利并承担相应的义务。[1]20 世纪 70 年代，美国首先发起了对生态正义的讨论。事实上，生态正义的出现是社会发展的必然结果。早期的社会发展以人的利益为中心，遵循"人类中心主义"这一价值目标，过度追求经济的快速增长，缺乏长远的眼光，对环境的破坏不管不顾。后来在意识到生态环境的重要性后，逐渐向生态中心主义演变，进而产生了生态正义理论。

生态正义要求生态资源的配置遵循公平、公正、平等、自律的原则。一方面，人们公平分享有限的生态资源带来的各种利益，另一方面，人们共同承担维护和管理生态环境的责任。生态正义可以从三方面来理解。首先是种际正义，指人类与其他物种是平等的，不能因为满足自身利益的需求而损害生态环境，要平等地对待其他物种。其次是代际正义，指我们在从事生产生活时不仅要保护好当下的生态环境，也要确保下一代人的生存环境，要给后代一个不差于当前的生态环境。最后是代内正义，从文义解释来看，就是作为同一代人，我们与生态环境相对应的权利义务都是一样的，不分国家和地区，不受经济发展水平影响，大家在生产生活时都应该注重生态环境保护。做好种际正义、代际正义、代内正义，生态正义也就能更好地执行，生态环境也就能得到更好的保护与发展，进而为经济的发展提供助力。

矿业用地的生态修复主要是通过人的主观能动性，对矿业用地整体的生态环境进行评估后制定相应的修复规划并落实，修复生态环境，恢复矿业用地的生态价值。从种际正义来看，对矿区内的土壤、水源、大气以及生物多样性进行保护或修复，体现了人类与其他物种之间的和谐相处。从代际正义来看，修复矿业用地不仅是为了我们当前可以享受到更好的生态环境，也是为了后代能够获得与生态环境相关的更

---

[1]　梁珠琳，任洪涛.浅析生态修复法律责任［J］.福建法学，2018（3）：38-48.

好的权利。从代内正义来看，我国中西部地区与东部沿海地区经济发展水平差距较大，但并不是说中西部地区就可以不进行修复，相反因为中西部地区生态环境更加脆弱，更加需要重视对生态环境的修复。扩大到全世界也是一样，代内正义的施行并不受经济发展水平影响。对矿业用地进行修复，体现了人类对生态环境的尊重，是生态正义所追求的。矿业用地生态修复法律责任的主体、标准、损害事实认定等内容在生态正义理论的指导下进行完善，做到了真正促进矿业用地生态修复效果。

（三）企业社会责任

企业社会责任最早发源于美国，早期开创者认为企业社会责任是企业在最大化利润之外所负有的义务，简而言之还是将企业利润最大化或股东利润最大化作为首要目标，同时也是企业法律制度建设所要围绕的中心。企业社会责任的倡导者则认为企业法律制度建设应兼顾利润与社会公益，并在二者间维持一定的平衡。注重利润是企业对股东负有义务的表现，而社会公益则是对非股东之外的社会公众所负有的义务。然而在后续的讨论中，就企业社会责任的内涵又出现了诸多争议。有一种说法认为企业应当致力于解决社会中存在的问题，并且认为企业仅凭自身便能解决这些问题，这也是企业的责任。Gunness认为这种说法只不过是一种空想。[1]Smith认为"企业社会责任"只是一句空话，并未表明任何实际性的意义，也未对企业的行为作出指引，他认为"企业社会责任"只是不同利益代表者相互斗争的武器。[2]还有学者认为企业作为营利性主体，其主要目标依然是保证企业的利润，因此，出于企业自身利益考虑，企业很可能忽视企业社会责任的存在。当前一个被多数人所接受的观点是"企业的社会责任是企业对

[1] GUNNESS R, Social Responsibility: The Art of the Possible [J].Business and Society Review, 1986: 25.

[2] SMITH R. Social Responsibility: A Term We Can Do With-out [J]. Business and Society Review, 1988: 31.

当下的社会环境所应承担的义务"[1]。如果通过具有强制性的法律法规来对企业社会责任进行规定，那么作为一种相对抑制性的义务，通过强制性措施强制履行，企业社会责任就可以很好地限制企业在生产经营中对环境造成的损害。

矿山企业的正常生产经营与矿区生态环境紧密结合，不论是开采前的基础设施建设，还是矿产资源的开采，以及开采完成后对矿坑的回填，每一步都会影响生态环境。矿山企业若是不能做好对生态环境的保护，将会产生严重的后果。因此，矿山企业的社会责任不仅是保障员工利益、保持企业利润增长，还应该做好开采规划，在开采过程中保护生态环境，如果对生态环境造成破坏，应及时进行生态修复，在保证生态环境良好的前提下对资源进行有效开采，协调经济发展与环境保护的关系。这才是矿山企业承担社会责任的体现。

第二节　采矿权人怠于履行矿业用地生态修复义务

习近平总书记在党的二十大报告中指出，加快实施重要生态系统保护和修复重大工程，体现了党和国家对生态修复的高度重视。在矿山开采领域，采矿权人享有采矿权的同时，也相应地对矿业用地负有生态修复的义务，但是在矿山开采过程中，采矿权人怠于对矿业用地进行生态修复的问题长期存在，这种现象的背后存在着更深层次的原因。

一、我国矿业权人履行生态修复义务的法律规定

目前，我国立法对矿业权人履行生态修复义务的要求主要集中在以下两类法律规定中。第一类是《矿产资源法》《矿产资源法实施细则》《土地复垦条例》以及《矿山地质环境保护规定》等法律

---

[1]　秦颖，高厚礼.西方企业社会责任理论的产生与发展［J］.江汉论坛，2001（7）：38-40.

法规所规定的具有行政法义务性质的矿山生态修复义务。第二类是《生态环境损害赔偿制度改革方案》（以下简称《改革方案》）及相关司法解释确立的生态修复义务。最高人民法院根据《改革方案》的要求，在 2019 年公布了《最高人民法院关于审理生态环境损害赔偿案件的若干规定（试行）》，建立了生态环境损害赔偿法律制度，进一步完善了包括环境民事公益诉讼、生态环境损害赔偿诉讼和普通环境侵权责任诉讼在内的生态环境保护法律体系。另外，2019 年 12 月出台的《自然资源部关于探索利用市场化方式推进矿山生态修复的意见》，有序推进了我国矿山生态修复工作。

二、采矿权人怠于履行矿山生态修复义务的原因分析

（一）矿山生态修复义务履行主体的确定不够灵活

2019 年 12 月 17 日，自然资源部就《中华人民共和国矿产资源法（修订草案）》（征求意见稿）（以下简称《矿产资源法（修订草案）》）向社会各界公开征求意见。虽然《矿产资源法（修订草案）》还未正式实施，但其明确了矿区生态修复义务的主体及修复要求，对矿产资源管理有着晴雨表和风向标的作用，有很大的参考价值。其中，《矿产资源法（修订草案）》第三十四条规定，"矿业权人应当履行生态修复义务，按照矿业权出让合同和矿产资源勘查方案、开采方案开展矿区生态修复工作，边开采、边修复，矿业权人的修复义务不因矿业权的灭失而免除"，"历史遗留废弃矿山的生态修复工作，由县级以上人民政府负责"。该条款虽然明确了矿山生态修复义务的主体，但不够灵活，这意味着矿业权人承担具体个案的生态修复义务，而政府则基于国家环境保护的义务，对管辖区域内的生态系统整体负有保持、维护、修复、监管等义务。因此，政府只有在特定情形下才承担相应的生态修复义务。实践中，矿业权人作为实际上的唯一主体承担

生态修复义务，面临的最大制约因素是修复成本。遥感监测数据显示，截至 2018 年底，全国矿山开采占用损毁土地约 5 400 万亩。其中，正在开采的矿山占用损毁土地约 2 000 万亩，历史遗留矿山占用损毁土地约 3 400 万亩，分别占 37% 和 63%[1]，可见，大规模的矿山在过去开采过程中未得到符合要求的修复治理，给矿山及其周边留下了严重的生态问题甚至灾难。[2]然而，在目前生态修复市场化机制尚未完全建立，缺乏社会资本投入激励政策的背景下，过高的修复成本使得矿业权人面临沉重的修复压力，这也打击了矿业权人生态修复的积极性，导致部分矿业权人怠于履行修复义务。以广东省大宝山矿业有限公司为例，在 2013—2020 年，该企业在大宝山矿区及周边区域投入的环境治理费用已经达 10 多亿元。仅矿山污水处理一项，高峰时每天的污水处理费就高达 18 万元，持续的治污投入给企业带来了沉重的负担。[3]

（二）矿山生态修复的监管体系不完善

首先，矿山生态修复的动态化监管呈现空白。目前，对采矿权人生态修复义务施行的监管由生态环境主管部门负责，并与其他部门协同开展工作。虽然在 2017 年三部委联合发布了《财政部 国土资源部 环境保护部关于取消矿山地质环境治理恢复保证金 建立矿山地质环境治理恢复基金的指导意见》（以下简称《指导意见》），要求地方建立动态化的监管机制，加强对矿山地质环境治理恢复的监督检查，但是《指导意见》仅为指导意见，尚无具体的实施细则，不具有可操作性，且在该指导意见中，对如何协调各部门的监管，监管的透明度如何保证，监管侧重于事前、事中还是事后阶段，动态化监管平台如

---

[1]　王立彬.我国将以市场化方式修复矿山生态［EB/OL］.（2019-12-25）［2023-03-19］.中华人民共和国自然资源部.

[2]　邓小芳.中国典型矿区生态修复研究综述［J］.林业经济,2015（7）：14-19.

[3]　8 年花了 10 多亿，广东大宝山生态修复遇新难题［EB/OL］.（2020-09-21）［2023-03-19］.新华社.

何建设，动态化监管技术体系如何构建等各方面的事项均未有规定，只能由各地在实践中不断探索具体的动态化监管实施方案。

（三）矿山土地复垦政策存在缺陷

在长期的矿山土地复垦和修复实践中，我国总结实践经验并形成了"谁损毁、谁复垦"的修复原则。依据原国土资源部批准发布的《土地复垦方案编制规程》，我们把需要复垦的面积称为复垦责任范围，具体而言是复垦区中损毁土地及不再留续使用的永久性建设用地构成的区域，复垦责任范围的边界为自然资源主管部门审批的矿区范围，也就是说矿区周边的生态环境未纳入复垦范围。

在实际的矿产资源开采工作中，矿山企业的开采行为主要发生于地下部分，矿山企业只需对其占用土地进行复垦和治理，然而矿产资源的开采对生态环境造成的影响范围却不仅限于矿山企业所占用土地的范围。根据山西省的调查结果，因产生采空区漏斗状辐射区域而影响地表植被的面积约为采空区面积的 2.6 倍[1]，这表明矿产资源的开采可能会导致矿区范围以外的生态环境的破坏，如山体滑坡、地表塌陷、地下水和地表植被的破坏等，而矿山企业并不需要对矿区范围外的区域承担治理责任，这就导致环境监管部门在实际监管过程中力有不逮，难以对矿区范围以外受影响区域的环境进行有效的保护。

（四）矿山地质环境治理恢复基金管理的不足与偏差

一方面，矿山环境恢复治理基金的运作模式单一，资金来源有限。"谁开发、谁修复""边开采、边修复"实施以来，新增矿山修复基本能够达到"供需平衡"，对比之下，历史遗留矿山修复资金缺口较大。例如，作为全国 13 个重点煤炭基地之一的安徽省淮北市，截至 2021 年 6 月，已累计塌陷土地约 41.6 万亩，其中耕地

---

[1] 刘晓星.矿产资源生态补偿缘何步履蹒跚？［N］.中国环境报，2013-04-08（8）.

面积为 20.6 万亩，塌陷深度大于 1.5 米的塌陷地面积约为 8.5 万亩，生态环境遭到严重破坏。[1]据统计，2017 年以来，安徽省成功争取淮北市濉溪县、杜集区和淮南市谢家集区列入全国重点采煤沉陷区综合治理试点，累计获得中央预算内投资 6.97 亿元，支持了 17 个沉陷区村庄的搬迁、道路改善、生态修复等民生类、生态类项目。截至 2020 年 8 月，中央财政已经安排安徽省资源枯竭城市转移支付资金 7.4 亿元，其中采煤沉陷区补助资金 5.2 亿元。[2]在不考虑现有逐年递增的情况下，未治理的历史遗留采煤塌陷区治理的任务仍然艰巨，治理投资缺口还是非常大。而我国历史遗留矿山修复资金主要来自中央、地方财政以及矿山企业的投入，两个渠道的潜力都非常有限。

据统计，从 2009 年到 2018 年十年间，中央和地方拨付的用于矿山环境恢复治理的资金总计 654.6 亿元，年均仅 65 亿元，相对稳定在中央 35 亿元左右，地方 30 亿元左右。[3]在 "放管服" 改革背景下，地方政府对矿山修复的财政支出有所减少，导致矿山修复工作开展的资金更加短缺。基金是由矿山企业投入资金设立，基金的管理也主要由矿山企业负责，这样的基金运作模式具有设立主体单一和基金参与主体单一的缺点。当下的矿山环境恢复治理基金主要是从矿山企业的销售收入中进行提存，但矿山环境的整治和修复需要庞大而持久的连续性投入，在当前较为封闭的基金运作模式下，容易造成企业经济负担过重，不利于矿业经济的健康发展，也会打击矿山企业履行矿山环境整治和修复义务的积极性。

另一方面，矿山企业对矿山地质环境治理恢复基金的自主提取与使用缺乏规范管理。该基金设立之初就已经明确款项专项用于矿

[1] 潘骞. 先后投入 150 亿，修复治理采煤沉陷地 20.6 万亩 淮北持续推动采煤塌陷区治理 [N]. 中国环境报，2021-6-21（5）.
[2] 中央支持安徽采煤沉陷区综合治理资金覆盖皖北 [EB/OL]（2020-08-26）[2023-03-19]. 中国发展网.
[3] 潜在市场 6500 亿以上但释放空间有限：矿山生态修复难在哪？ "十四五" 前景如何？[EB/OL].（2021-08-20）[2023-03-19].全国能源信息平台.

山地质环境治理恢复，但是在实际操作中，由于矿山企业对基金计提、使用有很高的自主性，因而无法保证矿山企业能做到专款专用，甚至很可能在必须提取基金用于治理恢复时出现资金短缺的情况，最终不得不由政府兜底本应由矿山企业承担的生态修复义务，这并不符合"权利与义务相统一"的原则。此外，目前矿山地质环境治理恢复基金的使用范围并不统一。2019 年修订的《土地复垦条例实施办法》和《矿山地质环境保护规定》明确两方案合并编报，将矿山土地复垦费纳入基金统筹使用和管理，但当前多个地方出台的基金管理办法中仍规定基金的使用范围不包含土地复垦，这使基金的使用范围变窄。

（五）采矿权人怠于履行生态修复义务的违法成本偏低

第一，生态环境法益认识存在偏差。生态环境法益是行政法和刑法等法律法规对生态环境破坏行为进行规制的基础，生态环保立法、司法及执法只有在遵循科学的生态环境法益基础上才能更好地、有效地保护生态环境。[1] 在立法层面，各部门法对生态环境法益的边界界定不清。部门法条文中的法益多以人为中心，不直接对生态环境法益予以保护。例如，《中华人民共和国刑法》（以下简称《刑法》）对污染环境罪的规定，更多的是保护人身财产法益不受环境污染和生态破坏的侵害，单纯的环境污染和生态破坏本身很难受到刑法的制约。换言之，即使矿山环境污染破坏行为的后果十分严重，并且民法、行政法已不足以对这种行为进行规制，但是并未对人身财产法益造成损害，那么就不能以刑法对生态环境法益进行有效保护，在这种情况下，采矿权人只需在民事或行政责任范围内承担违法成本。另外，在司法层面，对生态环境法益的保护缺乏系统的考虑。目前对采矿权人生态修复责任的追究更多的是考虑当事人对矿山生

---

[1] 陈珊，利子平．生态环境法益探微［J］．求索，2015（5）：82-85．

态环境的直接损害，较少考虑其间接损害。例如，针对矿山排放污水的判决书大多数只要求污染者针对直接污染的水域进行修复，而不需要对周边间接影响的河流进行修复，缺乏对周边河流整体状态、承载能力的考量。从以上立法与司法实践角度来看，目前立法和司法上对生态环境法益的认识不足或忽视，使得违法成本偏低，违法采矿权人因为预见违法的成本偏低而怠于履行矿山生态修复义务的现象时有发生。

　　第二，司法考量要素的完整性不够。很多情况下，矿山环境破坏造成的影响具有持续性、隐蔽性、滞后性，导致矿山环境损害结果显现也呈现出滞后性。以矿山土壤污染为例，不规范的尾矿堆积会造成土壤被有毒重金属含量过高的浸润液所污染。有毒重金属对矿区及周边地区土壤造成的污染破坏要达到重大影响的程度需要一定的时间，在短期内难以发现其对环境和人身的影响。在司法实践中，对采矿权人造成矿山生态环境污染的责任追究一般是针对矿山环境损害早期发现时的损害结果，对于滞后显现的其他损害结果则因为时间久远常常难以确认矿山环境损害行为与结果之间的因果关系，因此对责任人的认定存在困难。目前，仅有部分法规针对这种问题予以规定，如《中华人民共和国土壤污染防治法》规定了土壤污染治理与修复的终身责任制。[1]虽然这解决了因果关系难以认定、责任人难以确定的问题，但实际上环境污染造成的影响并不仅仅表现在土壤方面。由于生态环境要素还存在水资源、植被等其他组成部分，所以涉及环境污染责任的相关法律也需要针对其他环境要素进行考量。环境污染的持续性、隐蔽性、滞后性等特点，在一定程度上助推了司法考量要素不全面的问题。

　　第三，违法行为罚款力度偏低。以 2019 年修正的《矿山地质

---

[1]　《中华人民共和国土壤污染防治法》第四十五条：土壤污染责任人负有实施土壤污染风险管控和修复的义务。土壤污染责任人无法认定的，土地使用权人应当实施土壤污染风险管控和修复。地方人民政府及其有关部门可以根据实际情况组织实施土壤污染风险管控和修复。国家鼓励和支持有关当事人自愿实施土壤污染风险管控和修复。

环境保护规定》为例，其虽然从行政规章层面细化了生态修复法律责任，对采矿权人所需承担的经济性惩罚做出了具体的规定，但是规定仍存在不妥当之处。例如，《矿山地质环境保护规定》第二十七条[1]规定，采矿权人未按照规定完成或矿山生态修复义务的处 3 万元以下的罚款。在行政处罚范围内，"3 万元以下"的罚款相较于矿山开采企业因采矿获得的收益而言明显偏低。这种偏低的行政罚款标准，难以发挥其惩罚作用，而且矿山开采企业往往会选择"交钱了事"，再犯的可能性较高，因此，矿山生态修复的效果终将会大打折扣。

（六）矿山生态环境损害鉴定评估机制不健全

矿山生态修复责任的实现建立在对矿山生态环境损害的认定基础之上，因此需要对损害结果先行鉴定评估。鉴定评估意见是追究采矿权人生态环境责任的重要依据，然而我国的矿山生态环境损害鉴定评估体系尚未完全建立，内容还不完善，主要存在以下两个方面的问题。

第一，有关环境损害鉴定评估的法律法规没有形成统一的体系且法律层级较低。与环境损害鉴定评估有关的法律规范是确定生态环境损害责任和公平执法的基础。矿山作为一个地理单元，其生态环境涵盖土壤、水、植被等多种要素，范围比较广泛。相应地，与矿山生态环境损害鉴定相关的法律规范与标准众多，各法律规范与标准之间存在衔接配合的问题，造成环境损害鉴定评估存在重复、冲突或空白现象。比如，原环境保护部先后印发了《环境污染损害数额计算推荐方法（第 1 版）》《突发环境事件应急处置阶段环境损害评估推荐方法》《生态环境损害鉴定评估技术指南 总纲》等部分技术标准和方法，农

---

[1] 《矿山地质环境保护规定》第二十七条：违反本规定，未按照批准的矿山地质环境保护与土地复垦方案治理的，或者在矿山被批准关闭、闭坑前未完成治理恢复的，责令限期改正，并列入矿业权人异常名单或严重违法名单；逾期拒不改正或整改不到位的，处 3 万元以下的罚款，不受理其申请新的采矿权许可证或者申请采矿权许可证延续、变更、注销。

业、渔业、海洋、司法等部门也出台了相应的法律法规和技术规范，但各部门侧重点不同，在实践中应当以何种法律法规和技术规范为准并不明确。

第二，矿山生态环境损害鉴定评估的需求在不断增加，具备相应资质的专业鉴定机构却难以应对迅速增长的需求。近年来，矿山开采领域的生态环境问题频频出现，矿山地质环境损害案件的数量也随之呈现上升趋势，对矿山地质环境损害鉴定评估的需求也必然增加，但是具备相应资质的鉴定机构却相对缺乏，因为矿山地质环境损害司法鉴定是一种技术性强、专业性突出、多学科交叉的诉讼活动，需要运用环境科学的专业知识，采用监测、检测、现场勘察、实验模拟或者综合分析等技术方法。[1]司法实践中，基于矿山地质环境损害司法鉴定的高度专业性，原告提出矿山地质环境损害司法鉴定申请之后，有资格提供鉴定服务的鉴定机构并不多，甚至没有鉴定机构能够提供鉴定服务，这直接导致合议庭难以启动鉴定程序的情况并不少见，实际上，自矿山地质环境损害司法鉴定纳入统一登记管理范围以来，国家已赋予了不少有鉴定能力的鉴定机构以鉴定资格，但是总的来说，鉴定机构的数量与当前日益增长的鉴定需求之间仍存在较大的矛盾，且各地分布存在不均衡的状况。截至2018年，在省级司法行政机关登记的司法鉴定机构中专门从事环境损害司法鉴定的机构78家，仅17个省（区、市）有专门从事环境损害司法鉴定的机构。[2]目前仍有部分省（区、市）未开展或未按要求开展环境损害司法鉴定机构登记准入工作，这将不利于缓解当前矿山地质环境损害司法鉴定的巨大需求与司法鉴定机构数量短缺之间的矛盾。

---

[1]　周修友.关于加强生态环境鉴定评估机制建设的探索与思考：以重庆市为视角［J］.中国司法鉴定，2019（4）：81-87.

[2]　司法部办公厅关于进一步做好环境损害司法鉴定机构和司法鉴定人准入登记有关工作的通知［EB/OL］.（2018-09-29）［2023-03-19］.司法部政务网.

（七）矿山生态修复验收制度的疏失与不完善

生态系统虽然自身具有稳定性，但是遭到破坏后需要的修复时间长，因此，即使矿山生态修复验收合格，之后也有可能出现生态失调的现象。[1]实践中，矿山生态修复成果通常由自然资源主管部门组织验收，缺少社会公众等利益相关者的参与，这导致验收工作缺乏监督，较易出现弄虚作假的情况。例如，中央第四生态环境保护督察组2021年4月在江西省督察时发现，新余市露天矿山开采违法行为乱象丛生，绿色矿山创建不严不实，督察整改敷衍应对，生态修复工作滞后，附近区域环境污染严重，群众反映强烈。督察组在12家已通过新余市自然资源局验收的绿色矿山中现场抽查2家，发现创建工作不严不实，验收弄虚作假。[2]矿山生态修复则需要严格而明确的国家标准或行业标准来检验修复工作的成效。原环境保护部在2013年制定并实施了《矿山生态环境保护与恢复治理技术规范（试行）》，这是与矿山生态环境恢复治理有关的技术标准，根据不同场地如露天采场、矿山专用道路等相应提出了不同的技术要求，也就矿山的大气、水体的修复列明了衡量标准，同时还明确了特定矿业权人治理恢复的具体要求和义务。另外，现有的矿山生态修复国家标准或行业标准散见于不同的法规中，没有统一的衡量标准。监督是制度运行的关键保障，要想生态修复验收制度运行得好，监督必不可少。然而，我国没有关于谁来监督验收、如何监督验收的规定。生态修复工程一般具有时间周期长、恢复难度大、涉及元素众多等特点，所以有关验收的具体操作难度较大，验收队伍的组成、验收标准的设定、验收程序的规范、生态修复验收的监督等均是需要考量的因素。

［1］ 董文龙，白涛，杨旭，等.矿区生态修复研究［J］.环境科学与管理，2016，41（1）：146-148.
［2］ 江西省新余市矿山开采 违法行为乱象丛生、生态修复严重滞后［EB/OL］.（2021-04-22）［2023-03-19］.中华人民共和国生态环境部.

第三节　采矿权人怠于履行矿山生态修复义务构成污染环境罪

矿山企业由于监管体系不完善、违法成本偏低、环境损害鉴定评价机制不健全等，怠于履行矿山生态修复义务，造成严重污染环境的损害后果将可能构成污染环境罪，承担环境污染的刑事责任。笔者拟从犯罪构成要件的角度，大胆地论述并提出矿山企业怠于履行矿山生态修复义务构成污染环境罪的相关法律分析，供理论探讨研究。

一、怠于履行矿山生态修复义务构成污染环境罪之主体要件

根据刑法对污染环境罪的规定，污染环境罪的主体是一般主体，单位也可以成为本罪主体。《矿产资源法实施细则》第六条对采矿权人的主体范围做出了界定：采矿权人即取得采矿许可证的单位或者个人。[1] 从构成污染环境罪的主体范围来看，采矿权人当然可以成为污染环境的犯罪主体。

采矿权人的资本属性决定了其有怠于履行矿山生态修复义务的动机和倾向。取得采矿许可证的单位和个人本质上属于投资者，投资者的终极目标在于追逐利益，即采矿权人开采矿产资源的目的在于获得矿产资源的经济价值，但是经济价值的取得又建立在牺牲一定生态利益的基础上。根据《中华人民共和国环境保护法》（以下简称《环境保护法》）第五条规定的"损害担责"原则可知，采矿权人应当对因开采行为受到损害的矿业用地进行生态修复。但鉴于目前生态修复的成本普遍较高，采矿权人往往更关注如何追求更多的利润，而怠于履行矿山生态修复义务。

---

[1]　《矿产资源法实施细则》第六条：采矿权是指在依法取得的采矿许可证规定的范围内，开采矿产资源和获得所开采的矿产品的权利；而取得采矿许可证的单位或者个人，就是所谓的采矿权人。

采矿权人的生产经营特点决定了其可能成为污染环境罪的主体。对矿产资源的开采工作属于采矿业，相较于其他行业如互联网行业、金融业、餐饮业，采矿业本身对环境的影响就比较大，其对植被、土壤、水源等生态环境要素的影响也更加直接、显著。采矿权人取得采矿许可证是以经营为目的的，其经营的产品为经过开采加工的矿产资源，而矿产资源大多埋藏于地表之下，采矿权人要获得矿产资源就需要通过采掘的方式获取。因此，采矿权人开采矿产资源不可避免地会改变相应的地质环境，对矿区的土壤、植被、水源等造成不同程度的不利影响。

二、怠于履行矿山生态修复义务构成污染环境罪之客体要件

采矿权人怠于履行矿山生态修复义务构成本罪所侵犯的客体应当是国家防治环境污染的管理体制。为了加强在开采矿产资源过程中对采矿权人的管理，《环境保护法》《矿产资源法》等法规要求采矿权人在开采矿产资源之前，应当编制有关矿山土地复垦和生态环境恢复治理的方案。在开采过程中，采矿权人需在相关部门监管下根据相关方案的规划和要求对矿区生态环境进行生态修复，如果采矿权人不履行相关法律规范规定的生态修复义务，将侵犯国家防治环境污染的管理体制。

国家防治环境污染的管理体制建立在传统的人类中心主义法益观之上，传统的人类中心主义法益观的核心理念是：一切应当以人为核心，一切应当以人为尺度，一切行为都应当立足人自身，以自身利益对待其他事务。[1]然而法益的内容在宪法性目的框架下，会随着历史的演变与经验性认识的进步而不断变化，随着环境的变化，其应该有更深的内涵。在传统的人类中心主义法益观范畴下，无论是国家防

---

[1] 孙道进.环境伦理学的哲学困境：一个反拨 [M].北京：中国社会科学出版社，2007：43.

治环境污染的管理体制还是人类享有的环境权，均是以人类为中心的法益。污染环境的行为确实侵犯了环境管理秩序和人类的环境权等法益，但是又不限于此。

从司法实践角度看，最高人民法院、最高人民检察院于 2013 年、2016 年先后两次出台司法解释对污染环境罪中"严重污染环境"的认定列举了十余种情形。其中不仅包含与人身财产有关的部分，还有大量与生态环境有关的部分，比如特定的环境范围、环境损害程度标准等。这也表明我国立法观念已向生态学的人类中心主义转变，除对人的生命、身体、健康等个人法益予以保护之外，还对环境媒介、动植物等生态法益予以保护。司法解释通过降低环境犯罪的入罪门槛，删除"损害人身健康和财产"的字眼，表明了污染环境的行为侵犯的法益还包括生态环境。因此，污染环境罪的客体不能简单地解释为国家防治环境污染的管理体制，还应当包括生态法益，两者共同构成一个多元化的客体。

三、怠于履行矿山生态修复义务构成污染环境罪之主观要件

虽然《刑法修正案（八）》对污染环境罪做出了修订，但从内容来看，并未明确规定构成污染环境罪的主观要件，学界对此还存在过失说、故意说以及混合说的争议。

（一）过失说

过失说一般认为，污染环境罪的罪过形式为过失。根据过失说，采矿权人对自己排放、倾倒或者处置污染物的行为存在故意，但是对行为可能会造成严重污染环境的危害后果存在过失。该理论存在以下几个方面的问题。

第一，对于过失犯罪，刑法总则部分明确规定需要有法律明文规

定才负刑事责任，如果认定污染环境罪的主观方面为过失，显然不妥。第二，污染环境罪不排除共同犯罪，如果污染环境罪的主观方面为过失，则与过失犯罪不存在共同犯罪相冲突。第三，过失说不符合目前立法者想要遏制环境犯罪的立法目的，矿山生态环境破坏的问题层出不穷，生态环境诉讼案件量呈现快速上升趋势，如果认定污染环境罪的主观方面为过失将会缩小打击犯罪的范围，就不能有效遏制矿山环境犯罪，不能促进矿山生态修复治理。

（二）故意说

故意说的观点认为，污染环境罪的主观方面要求"行为人能够认识到其行为会产生环境污染的后果，并且放任或主动追求污染结果的发生"[1]。故意说的根据是，对于过失犯罪，法律有规定的才负刑事责任，而《刑法》第三百三十八条没有任何表述显示污染环境罪可以由过失构成，且《刑法修正案（八）》将"事故"这种由过失造成的情形排除了，既然"污染环境罪为过失犯罪"不存在法律明文规定，持故意说的学者就认为非此即彼，污染环境罪的罪过形式当然为故意。故意说也存在一些漏洞，根据刑法的规定，污染环境罪的最高刑罚可处七年以上有期徒刑，与刑法其他过失犯罪的刑罚幅度相当，如果认为本罪的主观方面为故意，则刑罚的幅度会过轻，与故意犯罪的社会危害性程度不相匹配。况且《刑法修正案（八）》之所以对污染环境罪进行修改，就是为了有效打击环境污染犯罪，如果污染环境罪的罪过形式为故意，相较于修改之前的重大环境污染事故罪则实际上提高了入罪门槛，违背了立法的本意。另外，刑法之所以将重大环境污染事故罪改为污染环境罪就是出于打击环境犯罪、遏制污染环境的违法行为的目的。在罪名修改之前，重大环境污染事故罪主观方面为过失，这就表示过失排放、倾倒、处置污

[1] 张明楷.刑法学［M］.5版.北京：法律出版社，2016：1131.

染物而严重污染环境的行为在重大环境污染事故罪的打击范围之内，在罪名修改之后，如果污染环境罪的主观方面表现为故意，那么上述过失行为反而不能以污染环境罪进行严惩，这显然不符合《刑法修正案（八）》修改罪名的目的。

（三）混合说

混合说主张该罪的罪过形式既可以是故意也可以是过失。笔者认为混合说更具有合理性。首先，在理论界长期存在罪名的主观方面为故意或过失两者非此即彼的固有认识，但是法律从未以明文方式表示污染环境罪的主观方面为故意还是过失，也未排除污染环境罪的主观方面可以是故意和过失的混合。其次，前面两种观点将故意与过失相对立起来的认识存在明显的缺陷，即如果无法查明采矿权人的主观态度，则将无法认定采矿权人的罪过。受此影响，在司法实践中，对采矿权人的主观心态进行认定时，法官通常用其他字眼，如"严重污染环境"来代替，或者干脆忽视对采矿权人的主观心态认定，以减少争议，而混合说刚好可以弥补这一缺陷。再次，刑法分则中存在部分罪名主观方面为故意与过失的混合，有学者称之为"复合罪过罪名群"，如食品监管渎职罪、泄露国家秘密罪等，这意味着污染环境罪的主观方面为故意与过失的混合的观点存在先例和可行性。从次，将污染环境罪的罪过形式认定为复合罪过对量刑不会产生影响，因为污染环境罪的最高刑罚为七年以上有期徒刑，故无论是故意还是过失最高均只可判处七年以上有期徒刑，既可以与过失犯的刑罚配置保持一致，又符合罪刑相适应原则的要求。最后，混合说既可以将某些因采矿权人过失造成严重环境污染的行为纳入本罪范围，又可以很好地处理共同犯罪问题。

四、怠于履行矿山生态修复义务构成污染环境罪之客观要件

污染环境罪在客观方面表现为违反国家规定，向土地、水体、大气排放、倾倒或者处置有放射性的废物、含传染病病原体的废物、有毒物质或其他有害物质，造成严重污染环境后果的行为。采矿权人构成污染环境罪在客观方面需要满足以下几个条件。首先，采矿权人实施的行为必须违反国家规定，比如矿山企业未按照相关规范要求进行生产以及对危险废物进行有效处置，对矿山生态环境造成的威胁较大，违反了危险废物管理规定。其次，采矿权人需实施排放、倾倒和处置有害物质的行为，比如对于含汞、氰化物等有害物质的矿山堆浸渣、浸出渣、浸出液等未进行妥当的处置。最后，采矿权人的行为必须严重污染矿区生态环境，比如严重污染矿区土壤和水源，损害人体健康的污染物超过国家或地方污染物排放标准三倍，达到了严重污染环境的程度。

污染环境罪属行为犯，虽然理论界对此仍存在结果犯与行为犯的争议，但是认为污染环境罪是行为犯有其合理之处。对本罪客观方面的争议首先取决于对法益的认识。如果说环境本身就是保护的法益，那么就可能认为本罪是行为犯，如果说人的生命、身体、健康、财产等才是本罪的保护法益，则会认为本罪是结果犯。从 2016 年最高人民法院、最高人民检察院在《关于办理环境污染刑事案件适用法律若干问题的解释》中关于"严重污染环境"认定的具体情形来看，第十种情形以及第十二种情形[1]实际上表明环境本身就是保护的法益，从污染环境保护的法益角度看，本罪当然是行为犯。另外，污染环境罪属于行为犯也符合打击环境污染刑事犯罪的现实需要。在实践中，

---

[1]　《最高人民法院、最高人民检察院关于办理环境污染刑事案件适用法律若干问题的解释》第一条，实施刑法第三百三十八条规定的行为，具有下列情形之一的，应当认定为"严重污染环境"：（十）造成生态环境严重损害的。（十二）致使基本农田、防护林地、特种用途林地五亩以上，其他农用地十亩以上，其他土地二十亩以上基本功能丧失或者遭受永久性破坏的。

矿山环境污染有很大一部分存在检测难、污染结果明显滞后的问题，持行为犯的观点则可以有效解决司法实践中对排放处置倾倒的行为与严重污染环境的结果之间的因果关系难以认定以及司法介入的滞后等问题，有助于防止污染结果的扩大化。

第四节　矿业用地生态修复法律责任的主体研究

矿业用地生态修复主体的确定对矿业用地生态修复目标的实现和责任的落实具有现实意义。目前，虽然政府仍然是矿业用地生态修复主体的主导类型，但不可否认的是社会主体也日益成为矿业用地生态修复的中坚力量。多元主体参与生态修复活动已经成为环境保护的必然趋势。矿业用地生态修复法律责任主体的变迁体现了环境法价值从国家理性走向公共理性的取向。这是中国当下环境法治研究的重要任务。为此，笔者从理论到实践，立足我国国情，拟对构建矿业用地生态修复法律责任主体的社会化路径进行探讨和分析。

一、生态修复法律责任主体的历史脉络梳理

生态修复制度的建立和完善是实现生态文明的重要保障。生态修复责任主体的立法发展一定程度上反映了我国生态修复的发展和水平。分析矿业用地生态修复责任主体需要上升到生态修复责任主体的视角下进行研究。为此，笔者以生态修复责任主体的范式变迁为标准，大致将我国的生态修复责任主体分为环境政策主导下的责任主体模式、立法规范强制下的责任主体模式和环保产业激励下的责任主体模式。

（一）环境政策主导下的生态修复

环境政策是环境保护主管部门为保护和改善环境而制定和实施的行为准则，是顺利推动环境保护活动的必要条件和重要保障。[1]从环境法治萌芽到现在环境法治快速发展，环境政策始终是管理者一项重要且不可替代的工具，生态修复工作基本仰赖于环境政策的制定与实施。

中华人民共和国成立 70 余年来，我国的生态修复主要以政府为主导，实施的类型是以防沙治沙、植树造林、水土保持、退耕还林等为主的生态建设工程。以退耕还林为例，我国的生态修复工作最早可追溯到中华人民共和国成立前期。[2]此后，党中央、国务院及林业主管部门在各种政策[3]中曾多次提及退耕还林，但真正将其转化为国家行动的却是在 1998 年长江流域的特大洪水灾害之后，中央政府将西南、西北，尤其是长江、黄河源头的生态建设提升到"国土安全"的新高度，退耕还林工程正式启动。退耕还林生态建设工程经过多年的实施，对我国的土地荒漠化、水土流失、地质灾害等环境问题的改善已经呈现出不凡的效果。目前来看，退耕还林已经成为我国造林面积最多、投资金额最大、涉及范围最广、生态修复效果最显著的重大生态工程。为此，国家及政府作为该工程的主要责任主体，确保了多年生态建设工作的成效。而为调动农民开展退耕还林的积极性，国家及政府也提供了大量的财政支持，切实地履行了退耕还林的相关财政职能。第一种方式是对退耕的农户提供相应的补助。这种方式是指国家在一定期限内根据不同区域采取不同的标准无偿地向退耕户提供粮

---

[1]　蔡守秋.环境政策学［M］.北京：科学出版社，2009：140.

[2]　1949 年 4 月，晋西北行政公署颁布了《保护与发展林木林业暂行条例》（草案），规定已经开垦而又荒芜了的林地应当还林。

[3]　1952 年的《关于发动群众继续开展防旱抗旱运动并大力推行水土保持工作的指示》，1957 年的《中华人民共和国水土保持暂行纲要》，1984 年的《中共中央 国务院关于深入扎实地开展绿化祖国运动的指示》，1985 年的《中共中央 国务院关于进一步活跃农村经济的十项政策》，1998 年《国务院关于保护森林资源制止毁林开垦和乱占林地的通知》，1999 年的"退耕还林、封山绿化、以粮代赈、个体承包"十六方针等均对退耕还林制定了相应的政策。

食和现金补助。第二种方式是建立专项基金。该基金主要适用于我国西部地区、京津风沙源治理区以及中部地区的退耕农户群体。中央通过专项基金的形式进行资金分配，切实解决了退耕农户因"失地"造成的长期生计困难问题。[1] 第三种方式是对农村基本口粮和能源设施的建设进行大力投资。通过建设农村基本口粮和能源设施，保证退耕还林工程的长期顺利开展。退耕还林工程的实施除中央政府提供了大量财政支持外，地方政府也在其职责范围内履行了相关职能，提供了配套资金，保证了本地方退耕还林的顺利实施。

我国退耕还林的显著效果建立在相关政策支撑的基础上，多年来有关退耕还林的各种政策交织登场，呈现出一个体系庞大的政策群。但各政策之间因实际情况的变化而反复调整，甚至出现了相互冲突的现象。随着这些政策适用时间的推移和适用范围的拓展，经过反复适用且效果良好的政策往往会被上升为正式的法律，最终在相关的法律和政策之间形成相互勾连、往返奔突的乱象。另外，有些"一刀切"式的政策安排与指导，对退耕还林工程的效果有着或好或坏的影响，仅仅依靠政府的政策导向很难根本解决退耕还林工程实施中的复杂问题。

我国的生态修复工作长期依靠环境政策进行指导有其历史的必然性。一方面，我国关于国计民生的基本法律还不够健全，有关环境保护的立法难以受到国家层面的关注和重视。另一方面，以经济建设为中心在较长时间里都是我国的发展战略，以消耗自然资源换取经济增长的模式，使得稀缺的立法资源被重点用在民事经济立法方面，环境资源保护的法律备受冷落，有着历史的局限性。因此，鉴于当时的国情，以环境政策为生态修复工作的主导性依据或意见自然就成了首选。

---

[1] 《国务院关于退耕还林政策的通知》中关于退耕还林专项基金的规定。

（二）立法规范强制下的生态修复

从阿道夫·默克尔的法律体系的阶层构造理论来看，环境法律体系是由其所包含的环境法律规范之集合构成的，单个法律规范应被视为法律整体的最小组成单位。然而，我国的环境法律体系建立在生态要素的具体分类上[1]，目前还未制定出一部统一的生态修复法律规范，涉及生态修复的法律规定也只是散见于其他单行法律规范之中。各单行立法在不同程度上规定了"控制""维护""治理"等综合性的生态修复方式及措施。为了对生态修复法律的规范性进行解析，笔者将从国家层面的立法规范和地方性的立法规范两个方面进行研究。

1. 国家层面的立法规范

国家立法是实现社会资源分配或再分配的重要手段和方式。在环境法律体系当中，国家层面的立法规范具有更大程度的公正性和权威性，这对缓和与平抑日益突出的社会群体间的环境资源的矛盾与冲突起着越来越重要的作用。目前，众多的国家立法规范虽然对生态修复制度有所涉及，但立法过于原则或宏观，法律之间缺乏协调，可操作性不足，缺乏具体的生态修复法律制度或者不完善，整个环境法律体系中涉及生态修复内容的比例也偏低。例如，《中华人民共和国环境保护法》第三十二条只是原则性地规定了国家应当加强对大气、水和土壤等的保护，简单地提到应当建立和完善相应的调查、评估和修复制度，而有关生态修复的规划、审批、信息公开、公众参与、资金保障、验收标准、激励机制以及法律责任等具体内容的规定却严重缺位。

国家层面的法律规范如表 4.1 所示。

---

[1]　刘超. 生态空间管制的环境法律表达 [J]. 法学杂志, 2014, 35（5）: 22-32.

表 4.1　国家层面的法律规范

法律规范的名称	涉及生态修复的法律条文
《中华人民共和国环境保护法》	第五条；第三十二条
《中华人民共和国水污染防治法》	第三条；第二十九条
《中华人民共和国水土保持法》	第十六条；第二十条；第四章
《中华人民共和国海洋环境保护法》	第二十条第二款；第二十八条第一款
《中华人民共和国土地管理法》	第四十条；第四十三条；第七十六条
《基本农田保护条例》	第十八条
《土地复垦条例》	与土地资源开发利用的生态修复相关的法律制度
《地质灾害防治条例》	第五章
《中华人民共和国海岛保护法》	第二十一条；第二十五条
《中华人民共和国农业法》	第十六条第三款；第五十九条；第六十条；第六十一条；第六十二条
《中华人民共和国森林法》	第五条；第三十条；第三十一条；第四十五条；第四十六条
《退耕还林条例》	与林业资源保护及开发利用的生态修复相关的法律制度
《中华人民共和国草原法》	第一条；第十八条；第三十九条；第四十六条；第四十七条；第四十八条
《中华人民共和国渔业法》	第三十条；第三十二条；第三十六条
《中华人民共和国水法》	第九条；第二十九条；第三十一条；第四十条第一款
《中华人民共和国防沙治沙法》	第三条；第二十三条；第二十四条；第五章
《中华人民共和国矿产资源法》	第二十一条；第三十二条

从表 4.1 可以看出：目前，在国家层面的立法规范中，虽然《退耕还林条例》和《土地复垦条例》的制定主体是国务院，但这两部条例已经是我国规定生态修复制度最为完备的法律规范。这两部条例在

制定目的、基本原则、规划计划方案、具体实施及实施结果、保障措施、权利义务及法律责任等方面对退耕还林和土地复垦的工作内容已经作出了较为详尽的规定。但从两部条例的内容来看，它们都是以土地为修复对象的，修复的对象过于单一，仅以具体的生态要素的保护和修复为根本目标,忽略了生态要素还具有整体性的效益或价值。例如,《土地复垦条例》第二条明确了土地复垦是指在生产建设活动中和自然灾害中损毁的土地，通过相应的修复措施使这类土地恢复到可供利用的状态。可见，土地复垦在我国实质上是对土地本身的修复活动，并没有融入对生态效益和生态价值的综合考量。

2. 地方性立法规范

鉴于我国涉及生态修复的地方性立法规范数目繁多，难以系统地对地方性的生态修复法律规范进行统计和分析。为了科学地对地方性立法规范进行统计分析，笔者通过"中国法律法规信息库"，在中国大陆地方性法规规章一栏中采用"正文检索关键词"的方式进行搜索和分析，得出以下地方性立法规范中涉及生态修复及其相关制度的数据，如表4.2所示。

表4.2　地方性立法规范

城市	生态修复	生态恢复	环境修复	环境恢复
北京市	46	25	3	8
天津市	14	11	2	6
上海市	8	1	2	2
重庆市	15	22	2	43
辽宁省	22	34	8	26
吉林省	11	15	3	23
黑龙江省	13	21	1	21
内蒙古自治区	9	33	1	14
山西省	40	66	10	64

城市	生态修复	生态恢复	环境修复	环境恢复
河北省	0	0	0	1
山东省	40	53	7	32
河南省	32	26	3	30
江苏省	72	20	20	36
浙江省	57	21	11	22
安徽省	32	29	6	22
湖北省	45	21	5	36
湖南省	21	16	0	25
江西省	19	40	2	32
福建省	27	37	7	41
广东省	43	55	8	25
广西壮族自治区	15	21	6	25
海南省	7	10	6	15
四川省	36	44	3	33
贵州省	11	26	1	30
云南省	23	20	4	23
西藏自治区	1	5	1	7
陕西省	41	31	4	18
甘肃省	24	19	6	30
青海省	10	16	2	17
宁夏回族自治区	6	16	1	8
新疆维吾尔自治区	7	17	3	20
合计	747	771	138	735

　　从国家层面的立法规范和地方性的立法规范来看，各级人民政府依然被规定为最重要的生态修复责任主体，但扩大了责任主体的

范围。具体而言，生态修复责任主体的立法规定主要分为三种情形。其一，对环境资源使用或对环境资源破坏的，生态修复责任应当由环境资源的使用权人或破坏人来承担。当责任主体不具备修复能力时，政府可以指定具有修复资质的企业实施修复活动，所造成的费用则由责任主体支付。其二，因自然因素造成环境资源的损害或由于历史原因无法确定生态修复义务人的，由政府及相关部门负责组织生态修复工程。其三，立法规定公民作为生态修复的主要责任主体之一的，国家鼓励单位和个人开展义务性的生态修复活动，并提供相应的帮助与支持。例如，国家实行全民义务植树制度，立法规定植树造林、保护森林是公民应尽的义务。社会企业或个人可以在自愿捐资的前提下，由政府及其相关部门提供无偿的技术指导，开展各种公益性的治沙活动。

另外，从表4.1和表4.2的比较可知，涉及生态修复的地方性立法规范的数量远多于国家层面的立法规范。由于地方性立法往往采取"因地制宜"的原则，因此，生态修复的地方性立法发挥了更为重要的规范作用。然而系统、完善的环境保护立法体系需要不同级别、不同层次立法及其立法之间的协调与配合。因此，生态修复的法律规制应当以国家层面的立法规范为基础，制定统一的生态修复法律，以推动和保障全国的生态修复活动，各地方政府从本地情况出发制定具体的生态修复程序和实施办法，使各法律规范相互衔接和补充。

（三）环保产业激励下的生态修复

环保产业是指为环境污染防治、生态保护与恢复、有效利用资源、满足人们的环境需求，为社会经济可持续发展提供产品和服务支持的产业。[1]环保产业的兴盛是助力生态修复实践、推动生态修复社会

[1] 李树，陈刚，陈屹立.环境立法、执法对环保产业发展的影响：基于中国经验数据的实证分析[J].上海经济研究，2011，23（8）：71-82.

化的重要保障。从生态学的角度来看，生态修复活动主要依靠两种途径，一种途径是依靠生态系统的自我更新能力进行恢复，另一种途径是通过人工生态设计和重建完成恢复。但我国当下的生态环境的脆弱性和独特性并存，再加上人口与资源的压力，使得仅依靠生态环境"自我"休养生息的模式，很难在短期内扭转生态环境日益恶化的趋势。对于人工主导的生态修复方式而言，环保产业可通过激励性手段调动市场主体的积极性，最大程度地推动生态修复的市场化之路。环保产业是在环境恶化和资源耗竭的双重压力下萌发的。相关企业为实现清洁生产和资源集约，自觉地投入资金进行技术研发，以实现生产成本降低和环保达标的双重目标。总之，环保产业是在人类对社会生产方式与环境资源辩证关系的思辨与反思中不断发展的，也是多元主体有效参与环境保护的重要实践路径。

目前，生态修复的传统类型主要以修复的对象为划分标准，划分为如土壤的生态修复、湿地的生态修复、矿山的生态修复以及其他领域的生态修复等。随着人们对生态环境品质和要求的不断提高，生态修复实践也逐渐在地产景观、市政道路、公园广场等领域兴盛起来。从传统环保产业的效果看，尽管我国十多年的环境保护工作以水、气、固废三大类的治理为重心，但也仅做到了部分缓解国内环境污染的程度，并未达到根本消除的效果。而自我国从战略角度高度推进生态文明建设以来，政府日益重视生态环境治理的力度，环保产业在生态修复需求与PPP[1]模式的推动下，迎来了黄金发展的时期。PPP模式作为目前既可以大量吸引社会资本，又可以有效减轻政府债务压力的最优模式，从政府到民间都被极力推崇，已被广泛应用到生态修复行业中。

2016—2019年，我国生态修复行业市场规模不断扩大，且增速也

---

[1] Public-Private Partnership，即政府和社会资本合作，是公共基础设施中的一种项目融资模式。2014年9月21日，《国务院关于加强地方政府性债务管理的意见》〔国发〔2014〕43号〕提出，对地方政府债务实行规模控制和预算管理、控制和化解地方政府性债务风险等；同时推广使用政府与社会资本合作模式。

呈现出上升趋势。2016年，国内生态修复行业市场规模约为2 640亿元，到2019年，全国生态修复行业市场规模增长到3 872亿元，年均复合增长率13.62%。2020—2021年行业增速降低，2021年市场规模达到4 012亿元。[1]

笔者通过对以上文献的梳理发现，我国的生态修复工作最初是在环境政策的基础上萌芽，并在环境政策和环境法律的协调配合下发展壮大的，其责任主体呈现出从国家走向市场，由国家理性过渡到公共理性的趋势，责任主体类型的社会化趋势日益明显。

二、生态修复法律责任主体的变迁：从国家理性走向公共理性

传统的环境法研究范式多局限于从国家与市场两个维度来探索环境问题的解决之道[2]，但这样的研究角度往往容易陷入对政府与市场进行比较的纷争之中。在国家和市场非此即彼的制度设计中，虽然政府仍然是生态修复主体的重要类型，但不可否认的是社会公共组织和其他社会主体也逐渐加入生态修复的队伍。环境问题的公共性特点，要求环境保护工作以生态环境的公共利益为核心，也决定了生态修复活动依赖于多元主体的有效参与，最终使遭到破坏的生态系统逐步得到恢复。

（一）生态修复的法律责任主体变迁是践行生态集体主义价值观

生态修复模式的变迁源于环境资源的公共属性，活跃于国家对环境资源公共所有权确立的过程之中。亚里士多德有一个著名的论断：

[1] 生态修复行业市场前景向好生态修复行业市场规模分析［EB/OL］.（2022-11-11）［2023-03-19］.中研网.
[2] 刘明明.论环境法研究范式的逻辑嬗变［J］.郑州大学学报（哲学社会科学版），2012，45（6）：65-68.

"无论何物，只要它属于最大多数的人共有，它所受到的照料也就最少。"环境资源具有天然的公共属性，尤其是在特定的自然资源领域，国家所有权之盛行远远超过了其他所有权的类型。生态集体主义是在马克思、恩格斯的生态文明观的理论指导下，将人、自然、社会作为一个整体来对待，以综合有效地解决人、自然、社会之间的矛盾和冲突，最终促进人、自然、社会三者的和谐相处，并保证个体自由而充分的发展以及社会经济可持续发展的目标。[1]环境问题绝不是个人导致的问题所呈现出的不良后果，所以解决环境问题需要全社会的集体力量来完成。人类生产与生活需依赖生态环境提供的物质及资源，因此，人类在一定程度上应当履行环境回馈的义务。环境回馈义务是指人类在向生态环境不断索取资源的同时，也兼具回报和补偿生态环境的责任[2]，如植树造林、防沙治沙等生态修复活动。人类自觉履行环境回馈义务，体现了人类对自然内在价值的尊重。

　　国家环境管制的建立实质上体现了国家对公共财产权的确立。在现代社会，政府作为国家的代理机关，有义务提供某些市场无力提供或者无法充分提供的物品，例如清洁的空气、纯净的水源、健康的食品等。为了实现环境物品合格且富足的目标，生态修复已经作为重要的环保活动被各国政府提上核心的管理日程。生态修复的表象是修整与恢复生态系统自我调节的能力和机能，实现人与自然和谐关系的重建与共生。然而，其社会关系背后所隐藏的是人与人之间的利益关系，实质上是人与人之间基于生态利益不均的再分配。我国在相当长一段时期内，政府仍将是生态利益最主要的提供者[3]、是生态修复最重要的实施主体。生态修复模式的理性变迁体现了人类的生态共同体文明意识，人们逐渐认识到在个人、社会、生态环境三者之间蕴含着一

　　[1]　耿步健，姚冬玮.在江苏生态文明建设中彰显"两个率先"[J].江苏社会科学，2016（1）：249-254.
　　[2]　刘明明.从"保护"到"回馈"：论环境法义务观的逻辑嬗变[J].中国人口·资源与环境，2009，19（3）：46-49.
　　[3]　任洪涛.生态利益有效供给的法律治理之道[J].广西社会科学，2015（5）：98-103.

个相互联系、相互作用的生态共同体，因而自然环境、个人与社会皆不能孤立地存在。一个良好的生态环境，无疑关系到社会成员的生态福利，一些社会主体通过广泛参与生态修复活动，人们通过具体的环境治理行为，获得个体的自我认同。

（二）生态修复的法律责任主体变迁是构建生态利益的有效供给

我们已经并将长期生活在一个充满生态危机的时代。与其说生态危机是人与自然原本和谐共生的关系陷入了失衡的状态，不如说生态危机是指人与自然之间的关系异化为了冲突与对立的关系。大自然经常以生态灾难的形式对人类进行报复与惩罚。生态危机表现为人类对自然的无情掠夺与野蛮蹂躏，人类肆意释放的对自然的无穷欲望与贪婪，然而，生态危机的实质是一种人性危机，其背后隐藏的是人与人的社会关系，更深刻地反映了人与人之间生态利益分配的差异性矛盾。生态利益作为一种具有福利色彩的新型利益形态，引起了社会公众的广泛关注和需求。虽然我国长期开展植树造林、退耕还林等活动，但生态资源总体匮乏的事实仍然显著。造成生态资源短缺的重要原因是生态利益供给制度的不健全，这已经严重影响了社会公众对生态利益的公平分享。生态修复活动直接导向生态资源增加，间接实现了生态利益的供给，满足了社会公众对美好生态环境的向往与追求。

如果说政府提供必要的生态资源是为了解决公平问题，那么如何解决生态资源供给有效的问题，就应该发挥市场在资源配置和产品分配中的决定性作用。从生态修复的环境政策主导模式到立法规范的强制模式，再到环保产业的激励模式，生态修复法律责任的主体类型得到了极大的拓展，无疑对生态资源的供给起到了重大推动作用。社会公众对生态利益的满足是通过生态资源的供给和消费实现的，要解决生态资源与生态需求之间的矛盾，就必须不断提升生态资源的供给能力。生态修复本身涉及土壤、水流、林业、农业、园林等生态领域，涉及的法益是兼具公私双重属性的生态利益，生态损害的修复成本往往也是巨大的。但尽可能节省修复成本应当成为环境法律制度所追求的目标。因此，生态修复制度必须在公私兼济的基础上，以协调个体责任、政府责任、社会责任的衡平为重要目标。生态修复的具体模式关系到生态利益供给的充分与有效。

（三）生态修复的法律责任主体变迁是修复性司法理论的有益探索

修复性司法最早是产生于在美国进行的被害人与犯罪人调解实验的原则，强调的是摆脱消极的惩罚观念，追求具有建设性的司法模式，之后其以全新的理念和良好的实验效果风靡世界。[1]生态修复性司法在此理念下应运而生，它能够实现污染者受惩、受损者获赔，以及生态损害得以修复三重目标。实践中，当生态损害发生后，我国传统司法模式关注的重点是对环境损害主体的惩罚以及对受损主体的赔偿，严重忽略了生态环境具有的天然生态服务功能和生态价值，由此对生态环境本身的修复和补偿没有得到应有的对价。生态修复性司法具有充分的环境伦理基础，是我国当下解决生态损害问题的一条重要路径。生态修复性司法是指司法机关在处理生态损害案件时，以修复生态环境的方式裁定环境损害主体承担相应的环境损害责任，使已经受损的生态环境在现有的环境科学水平下尽可能地恢复到损害前的状态。生态修复性司法追求的是人与自然、人与社会的和谐相处，有效实现了生态效果、法律效果与社会效果的有机统一。

生态修复的法律规范最初主要集中在《矿产资源法》《土地管理法》《土壤污染防治法》等单行法中，后来许多国家通过立法手段，已经将生态修复作为一项制度或原则确立在环境基本法中。我国的生

---

[1]　唐芳.恢复性司法的困境及其超越［J］.法律科学（西北政法学院学报），2006，24（4）：55-63.

态修复实践大致也经历了从政策到立法的过程。生态修复模式的变迁，在一定程度上也是生态修复活动不断规范的过程。以生态修复的法律关系主体为例，在生态修复法律关系中，一定权利的享有者和一定义务的承担者均是生态修复法律关系的主体，如政府、企业团体、个人。但政府成为生态修复法律关系的主体是法定的，无需任何前置行为；而企业团体和个人则是因为法定或约定的缘由成为生态修复法律关系的主体的，且这两类主体必须有损害生态环境的事实行为。[1]无论是政府，还是企业团体或个人，当被裁定进行生态修复时，都必须自觉承担相应的法律责任。

三、生态修复法律责任主体的社会化路径构建

虽然我国《环境保护法》对生态修复有总体性的要求，但对法律责任主体却没有详细的规定。而生态修复法律责任主体的确定，对于生态修复目标的实现、责任的落实以及修复工作的开展等皆具有重大意义。

（一）生态修复责任社会化理论

生态修复责任社会化是指应由责任主体承担的修复义务及责任，基于特定的理由或方式，转移给市场第三方机构或组织来实施，从而达到修复的高效性、专业性和规模化。由于生态修复责任社会化的实现方式可以大大提高生效判决的执行力度，所以对具体的修复主体来说，这不仅没有削弱责任主体的义务，反而可以大大增强主体的责任意识，一定程度上也体现了环境治理主体从一元向多元的转变。

生态修复责任的社会化转向建立在公共治理理论和市场机制理论的基础上。一方面，公共性是环境治理的价值回归与构筑。[2]目前，

---

[1]　刘鹏.论生态修复的环境法属性［J］.政法学刊，2016，33（2）：114-119.

[2]　任洪涛.论我国环境治理的公共性及其制度实现［J］.理论与改革，2016（2）：94-97.

我国环境治理的主要困境是政策失灵，而破解环境政策失灵的良方在于践行公共治理的模式。生态环境是典型的公共领域，相关主体通过协作与创新来追求绝大多数人的环境利益，共享生态福利。在公共治理的视角下，生态修复不是政府排他性行使权力的领域，而是社会组织通过合作机制参与治理的过程，在这个过程中，更多的是冲突的调和、风险的分担以及各主体相对优势的充分发挥。[1] 公共治理理论为我们理解环境政策失灵提供了新的视角，也为生态修复责任的社会化提供了理论基石。

另一方面，市场机制是生态修复实施的有效方式，是我国生态修复机制发展的必然趋势。对于环境污染和损害，大多数国家和地区的环境立法都明确规定了无过错责任，但对于污染环境或损害生态的主体来说，其不一定具备修复生态环境的专业技术、设备、人员等，最终势必造成良莠不齐的修复效果。生态修复是一项专业性很强的工程，引入第三方市场主体，可以有效解决生态修复领域的专门治理问题。[2] 社会化的修复机制具有修复效率高、修复效果好、修复成本低、修复标准规范等优势。一个成熟社会所呈现的是，各方主体在充分发挥其优势的过程中实现了合作与双赢，如一般的生产经营性企业与环保公司在各自的专业领域，共同推动着生态修复机制的实践与发展。

（二）生态修复法律责任主体的社会化机制创新

1.污染损害主体

生态环境的损害主体是我国生态修复法律责任主体的重要类型。如今，人类活动对自然界的负面影响越来越深刻，单纯地依靠自然界的净化，很难改变环境污染和生态退化的现实，环保主管部门也逐渐

[1]　翁孙哲.环境损害责任社会化的多维视角 [J].行政与法，2016（8）：45-52.
[2]　任洪涛，严永灵.论我国生态修复性司法模式的实践与完善 [J].西南政法大学学报，2017，19（4）：86-94.

意识到采取污染治理和控制的社会行动来帮助自然修复是可行之策。污染者负担原则构成了当代社会环境保护法律和政策实践的重要法理基础[1]，同时也确定了生态修复法律责任主体划分责任范围的基础。环境污染和生态损害的行为是造成生态环境品质下降的直接原因，行为主体应当就其客观上对环境造成的负面影响承担治理与修复的责任，无过错责任原则也符合环境正义的要求。生态修复的责任范围随着污染者负担原则适用领域的扩大而不断得到拓宽。近些年，经济合作与发展组织对污染者负担原则的内涵提出了新的解释，即该原则要求所有潜在的污染者承担预防、控制和补救污染事故成本的义务。[2]因此，生态环境的污染损害主体应当成为生态修复的法律责任主体，而且是基本责任主体。

从现有的责任承担方式来看，无论哪种性质的法律责任都是从制止行为人行为和赔偿受害人利益的角度来规定的，欠缺对生态责任方面的考量。而生态修复有别于传统民事责任承担方式的"恢复原状"，是具有独特环境法色彩的责任承担方式。生态修复是环境侵害的生态责任承担方式之一，是在人工方式的辅助下修复受污染和损害的生态环境，是弥补环境侵害后果的对症良方，可以从根本上解决环境侵害长期无法有效救济的顽疾。生态修复逐渐成为承担生态环境侵害责任的主要方式，即谁对环境造成了侵害，谁就应该承担生态修复的法律责任。环境侵害造成的环境负面影响，需要污染主体或损害主体采用生态修复的方式消除不利后果。

2. 环境资源开发利用主体

环境资源的开发利用主体是我国生态修复法律责任主体的另一重要类型。利益的享有者同时负担其损失，这符合经济理性原理，亦符合法之公平的要义。环境资源是公共产品，任何人都不应当只从中受

---

[1] 柯坚. 论污染者负担原则的嬗变 [J]. 法学评论，2010, 28（6）：82-89.

[2] GAINES S E. The Polluter-pays Principle: From Economic Equity to Environmental Ethos [J]. Texas International Law Journal, 1991, 26: 463.

益而不承担任何责任或履行任何义务。[1]开发利用环境资源的主体，往往是以获得良好的经济利润为动机的，为此，在环境资源开发利用过程中获得实际利益的主体，都应为生态环境品质的下降承担相应的责任，以支付对价为基础，对生态环境进行修复。因此，凡是使用或消耗了环境资源的价值，却没有承担相应环保义务的主体，都应被纳入生态修复的责任范围。在矿产资源开发领域，我国立法将矿产资源开发人作为矿山地质生态恢复的义务主体，并通过缴纳矿山地质环境治理恢复保证金来承担相应的生态修复义务。

虽然环境资源的开发利用主体在开采环境资源方面是专业的，但在生态修复领域却可能是业余的。而生态修复不仅要注重生态系统功能恢复的实际效果，也应当着眼于是否有利于社会经济的可持续发展。为此，通过生态激励机制，引入专业的生态修复企业，开展专项性的生态修复活动，彰显生态修复企业的专业优势。大多数环境冲突的背后都存在着不当的激励。尽管保护环境通常会给社会带来净利益，但是个体的经济利益常常会激发破坏环境行为。因此，环境法律的一个基本挑战就是调整奖惩机制，让环境保护促进而不是妨害个体的自我利益。对环境资源的开发主体来说，其承担生态修复法律责任的方式可以是代履行，最终由其承担生态修复的全部费用即可。

3. 国家

国家存在的目的就是对本国公民及其环境负有一定的保护义务。从概念来看，环境保护是指减少甚至避免造成环境的负担及危险所采取的措施或行为整体，包括三个方面：①排除现已存在和出现的对环境的损害；②排除或者减轻目前对环境的潜在危险性；③经由预防措施来防止对未来环境的危害性。[2]因此，国家环境保护义务在内涵上可以概括为现状保持义务、危险防御义务和风险预防义

［1］　陈慈阳. 环境法总论［M］. 北京：中国政法大学出版社，2003：176.
［2］　陈慈阳. 环境法总论［M］. 北京：中国政法大学出版社，2003：31.

务。[1]具体来说，现状保持义务是指国家有保证环境状况及品质不得低于现有水平，禁止继续恶化的态势。危险防御义务是指国家对环境污染和生态损害采取积极的保护性措施。风险预防义务是指国家对具有不确定性的环境风险采取预防性措施。生态修复是实现国家环境保护义务的重要方式。国家通过公权力介入私人行为，"迫使"环境污染者、资源开发者将污染行为、开发利用行为的外部不经济性内部化，及时遏制生态利益失衡的持续恶化，对突发性环境事故进行监管与控制，履行垫付式生态修复义务，并为公众利益向实际责任人追索，也高效地应对了无责任主体的原生环境问题，实现了灾后的生态修复。[2]

国家作为生态修复的重要主体类型，应当承担相应的法律责任。政府作为国家职能的具体执行机构，应对本行政区域的环境质量负责，因此，作为法定的生态修复责任主体，其对生态环境的历史遗留问题肩负修复责任。首先，国家在立法上是我国各种自然资源的所有权人，政府作为国家的执行机构在实践中履行对国有资源的监督和管理职能。其次，国家掌控社会各项资源的分配与运行。对于那些由于历史原因找不到承担生态修复责任主体，或环境损害主体没有能力承担生态修复费用的情况，国家充当着替代性修复责任主体的角色。最后，在生态修复技术日益发达的趋势下，许多国家逐步将环境恢复要求法律化，环境修复在各国环境法中的地位逐步提高，有的国家将其确立为一项法律原则，有的国家将其作为一项基本制度，有的国家则将其作为一项法律责任加以明确，并规定了一系列的具体措施保障其落实。[3]总之，国家承担修复生态环境的兜底责任有其必要性、可行性和合理性。当然，国家作为公共利益的代表实施了垫付式生态修复义务后，对于能够明确直接责任主体的，

[1] 陈海嵩.国家环境保护义务的溯源与展开[J].法学研究，2014，36（3）：62-81.
[2] 魏旭.生态修复制度基本范畴初探[J].甘肃政法学院学报，2016（1）：1-10.
[3] 李挚萍.环境修复法律制度探析[J].法学评论，2013，31（2）：103-109.

有权再向相关责任人追偿。

4. 志愿组织及志愿者

志愿组织及志愿者在社会发展的过程中扮演了举足轻重的角色。志愿组织作为政府和市场外的"第三只手",在资源配置、道德提升、民主建设和社会治理等诸多方面发挥着越来越重要的作用。[1]志愿组织及志愿者作为生态修复的主体之一,与该组织的宗旨、目标的实现有着重大的关联,也是生态激励机制实践的典型范例。生态激励机制是指生态环境与经济增长双向激励、良性互动、循环共生的新型资源环境管理模式。[2]志愿组织及志愿者的生态修复实践以主动的生态建设、修复行为为前提,以经济、财政、税收补贴为激励性政策,实现经济发展与生态保护的协调发展。志愿组织及志愿者的修复行为改变了传统的命令控制型环境规制体系,将环境保护的成本及生态效益有效地融合,从而解决了生态投资者的合理效益回报问题,激发了社会主体从事生态保护投资的意愿并使得生态资本能够增值,从而促进了生态保护与经济收入的双向共赢与良性互动。

志愿组织及志愿者的修复行为具有志愿性、民间性、自治性等特点,有利于生态修复理念的传播和接受,更有利于凝聚环境治理的精英群体,对扩大生态修复责任主体具有现实意义。在生态修复实践中引入激励机制具有正当性,也具有可行性。一方面,建立生态修复的激励机制是可持续发展、民主政治及公众参与等理念的实施。要真正实现可持续发展的生态文明社会,我们首先面临的一项艰巨任务就是修复多年来因经济、社会不良发展而受到严重损害的生态系统,修复生态系统的生态功能,从而使生态环境有利于社会的可持续发展。另一方面,维护环境公益是建立生态修复激励机制的重要目标,必须进行环境善治。"善治",可以简单地理解为良好的治理,就是使公共

---

[1] 赵德胜.反思与转进:转型期社会志愿组织可持续发展机制的构建[J].理论月刊,2014(1):154-156.

[2] 吴敏,吴晓勤.融合共生理念下的生态激励机制研究[J].城市规划,2013,37(8):60-65.

利益最大化的社会管理和社会自治过程，其本质在于政府与公民对公共事务的合作管理。[1]志愿组织及志愿者较之其他主体也具有一定程度的局限性，需要国家给予相应的激励政策、鼓励措施，以实现其参与生态修复的可行性。

生态修复是生态文明社会建设的主要有效措施之一，也是我国生态文明建设的重要内容，还是一项关乎整个生态系统的巨大工程。多元主体参与生态修复已成为环境保护的必然要求，而各主体在生态修复中的责任错位、积极性不高等问题，已经严重阻碍生态修复的制度功能。唯有构建、完善配套的激励、监督机制，才能促进各主体在生态修复活动中的能动性，实现以生态文明为本位的美好图景。这需要一系列的立法对其进行目标定位、提供资金保障、确定标准、明晰责任、进行激励。其中，分清法律责任主体是生态修复工作顺利展开的前提。只有在公平正义的原则下、在法律明文的规定下，分配好各个生态修复法律责任主体的法律责任，才能督促其认真履行应当承担的生态修复义务，最终，通过生态修复实现社会发展的公平，也为建立生态文明和谐社会提供生态与物质保障。

第五节　采矿权人履行生态修复责任的对策建议

我国矿山生态修复工作"欠账多"的现象长期存在，矿业权人怠于履行生态修复义务的问题长期存在。虽然我国在此领域已经有了一定的法律法规和政策基础，也积累了比较系统的实践经验，但在规范性、约束性和激励性的制度体系构建上还有较大的提升空间。总体而言，不改革，是最大的风险，改革，则风险可控，可以实现巨大的政策红利。[2]

［1］　俞可平.治理与善治［M］.北京：社会科学文献出版社，2000：9.
［2］　任洪涛.论我国矿业用地法律制度中的权利冲突与协调［J］.中国国土资源经济，2019，32（2）：25-30.

一、探索利用市场化推动矿山生态修复的路径

虽然采矿权人在开采矿产资源方面是专业的，但在生态修复领域却恰恰有其劣势[1]，因此亟须构建专业化治理模式。专业化治理，就是指矿山企业通过支付费用的方式，将不熟悉的修复治理工作委托给专业治理企业进行治理，由政府监督部门对治理行为和结果进行监督。相较于矿山企业自行治理，专业化治理在促进矿山企业主动承担生态修复责任方面具有以下积极意义：第一，有助于切实落实矿山环境修复治理责任。在矿山生态修复实践中，很多矿山企业出于多种原因怠于履行或不完全履行其矿山生态修复义务，即使生态环境部门发现之后要求其履行义务，矿山企业仍然会拒绝履行。在这种情况下，根据环境保护法"谁污染、谁治理"的原则，可以由专业化治理企业代替矿山企业对环境进行恢复治理，治理的费用由矿山企业支付。第二，有效地降低环境治理成本。矿山企业毕竟不是专业的污染治理企业，其专业水平不高、设备利用率不高，而专业治理企业专注于生态修复治理技术与设备的研究开发，技术和管理人员也更加专业化，可以有效整合资源，降低生态修复治理的单位成本。第三，有利于加强环境保护监督。大量的修复治理工作由矿山企业集中到专业化治理企业之后，政府监管部门无须再分散过多精力对各个矿山企业进行监督，有利于政府监管部门提高执法效能。

专业化治理本身具有良好的发展前景，但是专业化治理模式目前还不成熟，要发挥专业化治理的优势，必须从以下几个方面做出变革。首先，专业治理企业的整体规模还比较小，融资难、融资贵，资金募集方式主要限于银行贷款，缺乏多元化的资金募集方式。针对这个问题，需要政府给予政策扶持，从政府、银行、社会资本等多方面拓宽专业治理企业的融资渠道。其次，专业治理企业的技术水平参差不齐。

---

[1]　任洪涛.生态修复法律责任主体社会化研究［J］.贵州大学学报（社会科学版），2018，36（2）：100–108.

不少专业治理企业是从其他行业转型而来，起步较晚，技术储备与世界先进水平存在一定差距，在与国外企业的竞争中不占优势。有些专业治理企业为了保持市场份额，故意降低治理标准，以较低的价格恶意竞争，扰乱市场竞争秩序。对此，政府应当加强对治理市场的监管，对于评价好、效果好的专业治理企业，政府应对其予以荣誉表彰和政策扶持；对于扰乱市场秩序，恶意竞争，治理效果差，违法、违规的第三方治理企业要列入黑名单中，定期向社会公布，以优胜劣汰的机制促进行业发展和质量提升。最后，专业治理企业要注重提升自身的综合实力。专业治理企业要走出国门，学习交流和引进国外先进治理技术，与高校科研院所加强合作，加快前沿研究成果的转化应用以及专业技术后备人才的培养。同时，专业治理企业也需要与矿山企业就矿山现场的治理设备管理、运行、清洁生产、日常考核等方面经常开展深度交流，以了解矿山企业的需求，敏锐地感知行业发展前景，提前做出发展规划，开发有前景的治理项目。

另外，需要构建多元主体参与的生态修复市场化机制。推动矿山生态修复治理市场化就是要改变以往政府实际上承担了大多数的生态修复责任的状态。生态修复虽然是政府保护环境公共利益的职责，但是政府承担的是生态修复的兜底责任。政府承担生态修复责任的前提是没有其他主体承担或者确无能力承担，然而目前政府承担生态修复责任却被当成理所当然的事情。从生态文明建设的角度来看，承担生态文明建设的主体应当包括了国家、社会和个体三个维度的综合治理主体。[1] 为了减轻企业的生态修复压力，需要构建一个多元主体参与的生态修复市场化机制，具体而言就是需要构建一个多元主体参与的生态修复市场化机制，再具体而言就是建立一个政府、社会、企业共同参与的矿山生态修复市场化机制。

［1］　王洲，王世进.论矿山生态修复多元共治机制的法律建构［C］// 区域环境资源综合整治和合作治理法律问题研究——2017 年全国环境资源法学研讨会（年会）论文集，2017：229-232.

二、积极推动矿山生态修复资金缺口的补足

首先，补足矿山生态修复资金需要引入大量社会资本。社会资本进入矿山生态修复这个新兴领域必将遇到各种问题和难以避免的风险，特别是在目前这一领域的法律规定不是很完善的情况下，资本在参与矿山生态修复的过程中，有必要做好防范措施以应对可能遭遇的风险。一是要对矿山生态修复的基本情况有所了解，比如矿山生态修复的具体施工步骤、工期的长短、矿山的规模、不同情形下的不同注意事项。二是以书面形式确认可能会与矿山生态修复的建设施工单位发生的争议。三是以合同方式确认社会资本与当地政府和其他主体之间的权利义务，平衡和保障各方的收益与可能的风险。四是对中央与地方关于社会资本进入矿山生态修复领域的法律法规和政策原则做好汇编工作，避免违法违规。五是要有熟悉矿山生态修复领域法律问题的法律从业人员作为法律顾问给予专业的意见，以防范法律风险。

其次，由政府作为主体设立矿山环境恢复治理基金。除了由企业作为主体设立的基金，还应把政府投入矿山环境整治和修复的各项资金进行整合，由政府作为主体设立矿山环境恢复治理基金，设立专门的基金管理机构或组织，广泛募集资本，配以市场化的运作方式，滚动放大基金总额，以解决矿山环境修复资金和矿山企业环境修复能力不足的难题。同时，加大财政专项支出力度，将国家财政支出的专门用于矿山环境恢复治理的专项资金以及地方分成收取的部分矿产资源税费作为以政府为主体设立的基金的重要资金来源。国家征收的各类矿产资源税费本身就来源于与矿产资源开发相关的各类主体，将该部分资金用于矿山环境的修复符合国家财政收入取之于民用之于民的根本宗旨。另外，还应将纳入非税收入的相关矿山生态环境损害赔偿资金作为基金的重要资金来源，由国家或省级人民政府出台具体的操作办法，支持矿山环境的整治和修复。

最后，将公益捐赠纳入矿山环境恢复治理资金的来源。矿山环境整治是矿山环境保护的重要环节，关乎矿山生态系统功能的恢复与重建，是对公众环境利益的维护，具有将矿山环境保护义务主体推广至全体社会成员的正当性。唯有配以社会化的救济方式，才能有效地实现社会力量与个体力量相结合，合力解决矿山环境治理的问题。近年来，公众维护生态环境的意识逐渐觉醒，对环保的捐赠热情也在逐年高涨。因此在矿山环境恢复治理资金的筹集过程中，资金来源还应包括社会组织、个人及其他社会主体的捐赠。

三、加快完善矿山生态修复验收制度

一方面，我国应加快制定矿区专门的生态修复验收标准。就矿山生态环境的整体治理而言，由于大气、水、土地等属于不同的环境要素，判定其受污染的指标不同，采取的修复措施更不相同，因此除了要对每个要素制定专门的修复验收标准，矿区生态修复整体也应当有一个"入门槛"的标准。生态修复工作是一项工作量大、持续时间长的工程作业，不能一蹴而就，要明确各阶段的具体目标和合理修复期限，注重循序渐进，先实现土地可利用状态，再提高土地植被覆盖率和土地生产力，不断提升生物多样性要求，最终实现根本性修复，实现土地用途和矿区长远的环境质量。另一方面，尽快完善矿区生态修复验收的监督配套机制。由于环境的公共产品属性，自然人、法人以及非法人组织都应当具有生态修复验收的监督权。强化矿区生态修复验收的监督，主要监督验收小组成员构成是否合法、合理；修复责任人有无行贿，验收人员有无徇私舞弊、收受贿赂等违法行为；验收程序是否合法以及验收样本是否科学；监督标准是否实施，以防止恢复治理未达预期目标。

四、推动矿山生态修复法律责任的实现

绿色矿山建设不是单一的环境保护问题，而是一项复杂的系统工程。[1]虽然构建绿色矿山的理念早已在相关政策文件中得以明确，但仍未对制度落地提出融政策和法律于一体的长效机制。矿产资源的开发离不开用地问题，合理利用矿业用地是进行矿产资源开发的前提。我国传统的矿业权设置方式很少考虑土地的生态利用，造成的生态损害后果相当严重。矿山企业对经济效益的过度追逐，对土地资源只求索取、不求投入的做法，将加剧矿业用地的地力退化和生态环境恶化，也严重影响土地资源的可持续利用和经济社会的可持续发展。生态损害是生态环境恶化的一个重要人为因素，生态修复则是解决生态损害问题的有效方式，然而生态修复作为生态文明制度建设的重要内容没有发挥出应有的作用，这主要是因为生态修复法律责任的缺失。

当然，生态修复既不是传统民事责任承担方式意义上的恢复原状，也不是传统环境行政责任和刑事责任的承担方式，而是一种立足于环境法自身特点而独立存在的承担环境侵害责任的必要方式。[2]为此，需要矿山生态修复法律责任与传统法律责任的对接。在刑事法律责任方面，应体现为刑罚设定或者刑事司法实践的生态修复方式多元化和强调保护环境法益的重要性。而实现生态修复法律责任与民事法律责任的对接，重点则应放在修复性司法和损害赔偿责任问题上，例如，法院责令行为人通过补种树木、净化水质等方式来承担法律责任。行政法律责任的焦点应放在对环境行政责任的理解上，如恢复原状、限期治理等承担方式。

建设绿色矿山的关键是实现用地方式的可持续性。矿山企业应当挖掘矿业用地上的其他矿业投资潜力，比如对工矿厂房等矿山企业资

---

[1] 徐媛媛，李超峰. 法治视野下绿色矿山构建分析 [J]. 中国矿业，2013，22（10）：56-60.
[2] 刘鹏. 论生态修复的环境法属性 [J]. 政法学刊，2016，33（2）：114-119.

产的二次利用。以可持续性利用的视角来看矿业用地问题，采矿的结束绝对不是矿区土地生命周期的终结，而是另一个新的开始。这就需要对矿业废弃地、污染地进行修复，方能实现对土地的再次利用。实践中，矿山生态修复的责任承担采取"以采矿企业为主，以政府为辅"的原则，但几十年的修复效果不甚理想。究其原因，便在于生态修复法律责任实现不佳。为此，可采取多元主体合作修复的形式，对具体的修复主体来说，这不仅没有削弱责任主体的义务，反而可以大大增强主体的责任意识，一定程度上也体现了环境治理主体从一元向多元的转变。[1] 多元主体参与矿业用地的生态修复活动，最终也形成一种稳固的法律责任实现的路径。

五、着力构建完善的生态修复监管模式

第一，健全专项法律法规。首先，要落实好"谁损毁、谁复垦"原则。"谁损毁、谁复垦"原则实质上等同于"损害担责"原则，它是一种归责原则。要深入贯彻"谁损毁、谁复垦"原则需要从法律法规和政策的制定和执行方面出发，结合实践中矿山生态修复立法的经验和不足，对法律法规和政策做出修改，完善矿山土地复垦和恢复治理的制度安排，强化政府监管力度，落实矿山环境主体责任，及时对矿山环境违法行为进行纠正和惩处。其次，目前我国还未制定一部专门的关于生态修复的法律，借鉴域外相关立法经验，制定一部专项法规，拥有高层级的效力位阶，可以统筹指导目前比较分散的有关生态修复的下位法以及标准规范，还可以法律条文的形式统筹相关部门的监管职责，以落实法律法规的规定。最后，要加强对各级环境部门的监督，督促其严格按照法律法规的要求从事前、事中和事后三个阶段全面强化对采矿权人的监督和执法力度，及时对

---

[1] 任洪涛. 生态修复法律责任主体社会化研究 [J]. 贵州大学学报（社会科学版），2018, 36（2）：100–108.

采矿权人破坏环境的行为予以制止或严厉惩处，从而落实环境责任。基于自然资源所有权的国家属性，政府有义务对矿产资源进行科学有效的管理，将对当地的矿山生态修复监督工作作为政府日常考核的重要组成部分，加大考核占比权重，倒逼政府有关部门加强对矿山企业生态修复实施情况的监督。

第二，完善生态修复基金监管机制。首先，需要确定专门的机构对矿山地质环境治理恢复基金的提存和使用进行协调和管理。由各级自然资源主管部门会同各级生态环境和财政主管部门统筹协调管理矿山地质环境恢复治理基金，按职责对基金计提、使用情况进行日常的监督检查，对矿山地质环境恢复治理项目制定配套管理规定。其次，为了有效防止矿山企业转移或挪用矿山地质环境恢复治理基金，需要加强基金的监管措施。在矿山地质环境治理恢复基金内部可以开拓内控途径，运用内部财务审计监督保证基金计提、使用合法合理；外部可以建立基金计提、使用、缴存公共信息平台，方便外部监督，提高基金外部监管水准。

第三，构建公众参与生态修复监管的有效渠道和途径。《中华人民共和国环境保护法》第五条[1]与《环境保护公众参与办法》均明确了公众参与环境保护的法律地位，其后相关部门也陆续出台了一些鼓励公众参与生态修复监管的政策措施，然而目前在公众参与生态修复监管的便利性方面却有待提升，这一现状主要源于政府与公众信息不对称。无论政府如何加大力度整顿与防范，监管空白区域的威胁总是存在，而普通民众对身边的环境污染问题极其敏感，但是其对生态修复信息的了解和修复问题的建议缺乏一个便利的平台去获取和反馈。长期的信息不对称会导致政府监管部门无法全面、准确、及时地掌握环境污染信息，无法真正达到根治采矿权人怠于生态修复的目的。政府作为管理者和服务者，需要提升社会公众参

---

[1]　《中华人民共和国环境保护法》第五条：环境保护坚持保护优先、预防为主、综合治理、公众参与、损害担责的原则。

与生态修复监管的便利性才能提高环境治理效率、促进社会稳定和谐。例如，可以在互联网基础上利用自媒体、他媒体和社交平台实施信息系统的管理。该系统应方便社会公众查询矿山地质环境保护和土地复垦项目的费用信息及报表，对操作人员提交的费用支取、费用转移和协议终止申请进行监督，实现矿山地质环境保护和土地复垦费用监管信息化，优化矿山地质环境治理恢复基金和土地复垦费缴纳流程。

六、加快构建绿色矿山建设新格局

一方面，矿山企业要对绿色矿山建设有正确的理解。绿色矿山建设不是单一的环境保护问题，而是一项复杂的系统工程。[1]2018年，生态文明首次被写入宪法，绿色矿山建设成为生态文明建设的重要组成部分，是实现人与自然和谐发展的途径之一。在绿色矿山的建设过程中，有不少矿山企业对绿色矿山建设的认识还比较浅显，甚至会产生误解。比如会认为绿色矿山就是做好矿山地表的植被绿化，在对矿山进行修复治理工作时着重于铺草栽树。矿山企业在绿色矿山建设背景下必须明晰绿色矿山的概念。第一，绿色矿山"绿色"二字的内涵绝不局限于矿山绿化。绿色矿山要求矿山企业在矿产资源开发的全过程中体现绿色环保的理念，对矿山进行绿化工作仅仅是其中一个基础方面。第二，绿色矿山并不是面子工程，它要求在开采过程中采用科学、先进、合理的方式进行，在矿山恢复治理过程中要考虑各种生态要素，体现生态系统性，绿色矿山建设需要兼顾经济效益、社会效益和生态环境效益，不是一项简单的工程。第三，绿色矿山要求矿山企业对矿山的开发利用尽可能达到较高水平，较高的开发利用水平并不意味着追求更高的经济效益就会牺牲更大的生

---

[1] 任洪涛.论我国矿业用地法律制度中的权利冲突与协调[J].中国国土资源经济,2019,32(2):25-30.

态环境效益，提高开发利用水平需要对资源进行高效利用、循环利用，这也要求矿山企业在矿山开采活动中对自然环境的影响降低到尽可能小的程度。

另一方面，在绿色矿山建设背景下矿山企业要做好事前规划。绿色矿山强调对矿产资源进行科学、合理、有序的开采，尽可能降低对环境的影响，这一切都建立在矿山开采企业制定的绿色矿山建设规划基础之上。矿山企业必须在规划中明确生态修复的内容、目标、安排和保障措施等。在具体制定规划的过程中需要注意以下几个方面。第一，矿山企业在具体制定绿色矿山建设规划的过程中应当以矿地和谐为原则，在经济效益与生态环境效益两者之间达到平衡，为绿色矿山建设提供有力的支撑。第二，生态修复方面的规划应当与矿山企业生产实践相结合，规划的制定应当充分考虑目前我国矿山生态修复的实际发展状况与水平，保证规划的可操作性，充分体现其科学性与先进性。第三，矿山企业可以借鉴经过实践检验的较为科学合理、便于实际操作的绿色矿山建设规划。众多矿山企业在不断借鉴和完善建设规划的基础上可以总结出具有普适性的内容，形成规划中关于矿山生态修复的行业标准。行业标准的确立是矿山企业自治的基础，可以将绿色矿山建设的外在要求转化为内在动力，促进矿山企业更加主动地承担起生态修复责任和社会经济责任。

七、发挥附条件不起诉制度的天然优势

在矿山环境问题长期存在的背景下，司法越来越重视刑法的功能，以期能够以严厉的刑罚威慑采矿权人怠于履行矿山生态修复义务的行为，但是仅强调刑罚的威慑功能只能实现预防与报应这一目的。[1] 在生态环境案件办理过程中，司法机关更希望达到既惩罚和预防了犯罪又使被破坏的生态环境得到修复的双重目的。为实现生

---

[1]　陈兴良.刑罚目的新论［J］.华东政法学院学报，2001，4（3）：3-9.

态环境得以修复这一目的，可以在矿山生态环境破坏案件中使用附条件不起诉制度，其实质上是检察院主导下的、基于"诉讼经济""当事人化""再社会化"和"恢复性司法"等价值目标的各方主体参与的博弈，具有实现综合预防、有效填补损失和合理利用司法资源等多种功能。[1]

在生态环境案件办理过程中使用附条件不起诉制度具有其合理性。采矿权人环境刑事责任的主体以矿山企业为主，因此，传统的环境刑事责任形式表现为当矿山企业怠于履行矿山生态修复义务的行为构成环境犯罪时，以双罚制的形式追究矿山企业和主要责任人的刑事责任，它是一种非常严厉的责任，对于矿山企业及其管理人员都具有强大的威慑力，但是惩罚犯罪只是手段，最终目的还是促进采矿权人履行生态修复义务，因此需要给采矿权人一个改过自新的机会。矿山企业环境犯罪的原因行为是其生产经营活动，这种生产经营活动是人类生存与发展的前提与基础，污染行为是公司生产经营活动中难以完全避免的。[2]并且，矿山企业不及时进行矿山生态修复并不完全是出于主观故意的心态，在对采矿权人进行刑罚威慑的同时，还要贯彻"宽严相济"的刑事政策。附条件不起诉制度基于传统环境刑事责任对犯罪嫌疑人的威慑功能，也补上了"宽"的这一部分。但是，目前附条件不起诉制度仅适用于未成年人，并且其适用范围限于可能判处1年以下有期徒刑的刑事案件，其目的是发挥法律"教育、感化、挽救"的功能。目前在适用对象与适用范围方面的局限，限制了附条件不起诉制度在采矿权人构成污染环境罪案件中的适用。基于附条件不起诉制度在惩治环境犯罪中具有的明显功能优势，有必要将附条件不起诉制度扩展适用于环境类犯罪中。

在环境刑法领域适用附条件不起诉制度，可以从以下方面着手。

［1］ 张友好.功能·主体·程序：附条件不起诉制度省察［J］.政法论坛，2013，31（6）：92-106.

［2］ 邓可祝.威慑下的合作：公司环境犯罪附条件不起诉制度［J］.南京工业大学学报（社会科学版），2018，17（3）：51-59.

第一，可以给予采矿权人一定的考察期，暂时不追究采矿权人的环境刑事责任，避免矿山企业名誉的损失并保证矿山企业的正常生产经营活动。第二，可以将政府环境部门作为第三方，对具体案件中的矿山生态修复的可行性进行评估与监督，并与检察机关、采矿权人一起，三方沟通协商，就矿山生态修复制定一份协议，包括生态修复应达到的效果、修复进度、权利义务和违反协议的后果。第三，在考察期内，采矿权人如果按照约定积极履行了相关的矿山生态环境修复义务，足以证实其悔罪表现的，检察机关将依法做出不起诉决定。当然，对采矿权人适用附条件不起诉制度有一个前提，即采矿权人污染破坏环境的行为不是出于主观恶意。第四，在采矿权人履行完协议并验收之后，检察机关和政府环境部门可以对生态修复工作进行评估，根据采矿权人的履行情况决定是否追究企业的环境刑事责任。从以上方面着手适用附条件不起诉制度既可以体现诉讼的经济性，也可以激励采矿权人积极主动地进行修复治理工作。

第五章　中国矿业用地法律制度的改革建议

矿业用地法律制度不仅是一国经济法律制度体系的重要组成部分，还对该国的经济发展起着不可替代的推动作用，因此各国都非常重视矿业用地法律制度的建设和创新。随着我国市场化改革的逐步深入，矿业用地制度中长期积累的矛盾和现实问题也逐步显露出来，为此，新时代以来，中央对土地制度改革作出了若干重大部署，取得了一系列阶段性成果，特别是党的二十大强调，深化农村土地制度改革，赋予农民更加充分的财产权益。在矿业领域，对矿业用地的法律制度进行重塑与构建也势在必行。

第一节　我国矿业用地法律制度的改革目标

尽管我国矿业用地法律制度存在诸多不足，但这不是依靠制定几部法律、修订几项规章就能有效改良的，不加分析而大规模地盲目立法更有可能导致法律资源的浪费以及矿业用地效益的损耗。建立合理的土地制度体系是实现国家治理体系和治理能力现代化的重要组成部分，为此，如何在法治国家建设的背景下重塑我国矿业用地的相关法制，选择好科学合理的改革路径已成为法学学者研究的一项重要任务和使命。从改革开放之初沿用到现在的矿业用地制度，在很多方面已不能适应市场经济发展的需要，亟待一定程度的制度变革和创新。对矿业用地法律制度来说，不改革，是最大的风险，改革，则风险可控，可以实现巨大的政策红利。

一、有效降低矿业用地取得的成本

根据我国现行法律的相关规定，取得矿业权并不意味着取得相应矿业用地的土地使用权，同样取得土地使用权也不意味着拥有土地范围内的矿业权。为此，矿业企业要获得矿业用地的使用权，首先需要向相关权利主体支付征地费、土地出让金、耕地占补平衡费、矿产资源税、土地复垦费、补偿费和采矿权使用费等各种税费，若加上开采矿产品的其他设备损耗、人工费用等成本，在矿产价格日益敏感的今天，矿业企业的负担沉重，难以激发矿业企业参与市场竞争的活力。例如，我国矿产资源蕴藏丰富的徐州、兖州、开滦、淮北、淮南等矿区的耕地征地费一般为 60 万 ~75 万元 /hm²，个别矿区甚至高达 120 万 ~135 万元 /hm²；而煤矿企业除征地补偿外，还要花费高额的费用以搬迁矿区周边大量的村庄。据估算，平原矿区一般每采百万吨煤炭就要搬迁 20~40 户，目前每户搬迁费高达 12 万 ~18 万元，搬迁户数和费用按平均值计算，搬迁村庄的成本约 5 元 /t，而煤炭采出后，煤矿还要对因开采破坏的废弃地进行土地复垦，按现在的复垦费用计算，又需增加煤炭成本 15~25 元 /t。[1]因此，目前要求矿业企业承担"征地和复垦"的双重任务，不仅加重了矿业企业的经济负担，还打击了矿业企业实施土地复垦的积极性。

有效降低矿业用地的取得成本是矿业用地法律制度改革的首要目标。纵观土地制度的变迁历史，土地利用制度都是社会法律制度的基础，对矿业用地制度而言，矿业用地制度的先进与落后关系到矿业法律体系的构建和稳定。其中，矿业用地大致可划分为探矿用地、采矿用地、工业广场用地和尾矿库用地，在工业广场用地中又可以进一步

---

[1] 艾东，朱道林，赫晓霞. 土地整理与生态环境建设关系初探［J］. 生态环境，2007，16（1）：257-263.

细化为工业厂房用地、生活设施用地、其他基础设施建设用地。为了使矿业企业不承担过多的征地成本，应当以矿业用地的取得方式为突破口进行创新与改革，即矿业企业根据自身对不同类型的矿业用地的需求，结合本企业的实际情况采取适宜的土地取得方式。对探矿用地而言，矿业企业可大量采取临时用地或租赁的土地取得方式。另外，矿业用地法律制度改革的方法可以是制定矿业用地的专项法律规范，也可以是在对现行相关法律规范进行阐释的基础上丰富矿业用地制度，至于哪种方式更符合中国国情和矿业发展的现实，本章后续部分会有详细论述，在此不再赘述。总之，矿业用地法律制度的改革是以市场配置土地资源为导向，以有效降低矿业企业用地成本为目标，沿着完善土地使用权的路径进行的。

二、兼顾矿业用地各方利益的分配

由于矿产资源以赋存在地表或地下的形式存在，因此对矿产资源利益的追逐必定建立在对矿业用地进行利用和开发的基础上，从一定意义上来说，矿业权的收益分配也是矿业用地收益分配的体现，是矿产资源开发利用经济关系中的核心问题。在矿业用地的利用过程中，涉及土地所有权人、矿业权人和矿区居民这三类利益主体。在矿业用地的利益分配体系中，土地所有权人关注的重点是土地资源之收益及其保值与增值，其中国有土地的所有权由国家所有，集体土地的所有权由农村集体经济组织所有；矿业权人关注的重点是矿业用地中所采掘的矿产资源所带来的利益；矿区居民关注的重点是矿产资源开发对其赖以生存和发展的生态环境造成的损害及其补偿。然而，在我国矿业活动实践中，矿产资源的利益分配机制存在明显的问题，这妨碍了资源利益的合理调控与公平分配，不利于调整利益主体之间的关系。长期以来，我国土地行政管理部门关注的是矿业用地的合理开发、高效利用和可持续经营问题，矿产资源管理的利益导向注重矿产资源所有权人、矿业权人、国家管理部门之间的权益分配，而矿产资源地社会成员的利益却并没有被纳入考虑的范围，作为制度设计来说实属遗憾。一定程度上来说，矿产资源地社会成员几乎没有因矿产资源的开发与利用享受到利益，却不得不承担因矿产资源的开发与利用所带来的一系列环境和生态问题。

兼顾矿业用地各主体利益的公平分配是矿业用地法律制度改革的重要目标。然而，我国现行矿业用地制度的现实是，制度的不健全和不完善造成了资源配置之间的冲突，甚至扭曲了市场经济主体之间的收益分配。为此，加快矿业用地法律制度的改革，有利于矿业用地的利益相关者在制度内展开对话、沟通和协商，最终建立起矿区居民、矿业企业和政府部门共同参与收益分配的组织机制。矿业用地制度的改革过程，正如现代国家的立法过程一样，其实质是一个利益识别、利益选择、利益整合及利益表达不断交涉和妥协的过程，在这一过程中，需逐渐实现利益平衡。[1]矿业用地制度改革的价值出发点就是理顺各利益相关者之间的关系，在法律上对矿业用地的利益分配有更加清晰的规定，在执行层面上有更加规范的法规，使得人们对矿业用地的价值和利益有全新的认识。因此，矿业用地制度改革应着力于矿业用地利益分配制度的改革，特别是利益分配模式的更迭与分配方式的变换。

三、引导矿业用地的合理开发利用

矿产资源的开发离不开用地问题，实现矿业用地的合理利用是进行矿产资源开发的前提。据不完全统计，我国共有各类矿业企业12万多家，矿山占用土地约580万 hm²；其中，在生产过程中，全国矿山因采矿、尾矿库、排石场等占用和开采破坏的土地（如塌陷）

---

[1]　郭洁．土地整理过程中宏观调控法律问题研究 [J]．中国法学，2003（6）：88-95.

300 多万 hm^2，相当于两个北京市或一个海南省的面积，且每年都以约 3 万 hm^2 速度在增长。[1]另外，我国矿业权的传统设置方式也很少关注和考虑矿业用地的生态利用，这种长期无视土地具有的生态价值和功能的行为造成了相当严重的后果。据统计，我国因矿业活动累计堆放的固体废弃物达 3×10^9 t，已直接破坏的土地达 4×10^3 hm^2，并以每年约 2×10^4 hm^2 的速度在增长。一般而言，开采每万吨煤引起的土地塌陷是 0.2 hm^2，而全国因采矿引起的土地塌陷已高达 1.15×10^6 hm^2，发生采矿塌陷灾害的城市也有 30 多个。例如，煤炭开采给矿山周围的生态环境造成了严重影响，破坏了土地的自然形态，地质环境严重恶化，水土流失和土地盐渍化严重，引起建筑物变形，制约了矿区的经济发展。[2]

引导矿业用地的合理开发与利用是矿业用地法律制度改革的最终目标。人口、资源、环境、经济的协调发展对土地的开发与利用提出了新的目标和要求。矿业用地的法律制度改革就是促进矿业用地资源的合理利用，建立土地合理利用的科学评价体系，切实协调好矿区企业、土地、环境与经济增长的关系，具体而言，就是要在矿业用地法律制度的改革过程中，注意转变土地利用方式，引导土地利用由粗放利用模式向集约化利用模式转变。长期以来，我国矿业用地的粗放利用模式不仅导致了土地利用规模的盲目扩张，而且造成了矿业用地利用的低效。矿业企业只关注矿业土地资源赋存的矿产资源量，大多数矿业企业对矿业土地仅以采掘为单一的利用方式，在现行矿业用地管理政策的框架下，即使是矿地复垦做得比较好的矿区，也面临着矿业用地"进不来、出不去"的现实困境。为此，在人口、资源、环境问题日益严峻的国情下，我们必须对以前的矿业用地方式进行反思和变革，引导矿业企业建立科学的新型土地利用模式，突破土地传统利用

［1］ 张蜀榆 . 矿业用地退出机制研究［D］. 北京：中国地质大学，2012：1.
［2］ 赵明宣，靳月文 . 采煤沉陷对生态环境破坏范围的划定研究［J］. 环境科学与管理，2021，46（4）：155-158.

方式的禁锢，实现矿业用地资源的高效利用和合理配置。建立新型矿用地利用方式的关键是实现用地方式的可持续性。矿业企业应当挖掘矿业用地的其他矿业投资潜力，比如对工矿厂房等矿业企业资产的二次利用。以可持续性利用的视角来看矿业用地问题，采矿的结束绝不是矿区土地生命周期的终结，而是另一个新的开始。

第二节　我国矿业用地法律制度改革的实现路径

人类兴衰更替的文明史已经无数次地验证，土地制度的优越性可以最大限度地激发人们创造财富的积极性和主动性，还有利于土地资源的合理高效利用，相反，落后糟糕的土地制度却会激发人性中恶的因子，并且会导致土地资源的浪费和日益贫乏。因此，有必要对矿业用地法律制度进行变革，正如马丁·洛克林所言："我们需要一幅地图来指导自己在法律的领地上穿行。即使一幅地图从总体上看是不准确的，它也能提供一定的指导。"[1]。随着矿业用地理论研究和实践的深入，矿业用地法律制度改革的路线图也日益清晰：主要从加快矿业用地管理的专章立法步伐、建立平等的矿业用地土地产权和统一的土地市场、转变矿业用地从指标管制走向规划管制、衔接与协调矿业用地法律关系中的权利等四个方面进行制度重塑。

一、加快矿业用地管理的专章立法步伐

矿业用地的取得及矿业用地的开发与利用过程如何规范化地管理，一直都是令土地管理部门和矿业管理部门十分烦恼的问题。由于现行法律法规对矿业用地管理的规定很少涉及，在国家层面又没有一个专项的统一规定，我国甚至还没有对矿业用地的含义和范围做出明

---

[1]　国土资源部地质勘查司.各国矿业法选编（上、下册）[M].北京：中国大地出版社，2005：602.

确的法律界定。因此，各地对矿业用地管理的规定是大不相同的。矿业用地不同于一般建设项目用地，因为取得矿业用地的目的不是占有相应的土地并进行永久性建设，而是通过一定的开采工艺获取丰富的矿产资源，加之，各地矿产资源赋存条件的不同，这就决定了矿业开采的方式不同，也最终决定了与其相适应的矿业用地的使用方式、用地期限和复垦程度不同。我国目前将矿业用地归类为建设用地的处理方式并不科学，长此以往，随着矿业用地管理问题的暴露与尖锐，将不利于土地资源的节约集约利用，也不利于矿产资源管理和矿业权市场的健康发展。

在 1998 年国务院的机构改革中，我国地质矿产部和国家土地管理局的职能合二为一，并与国家海洋局、国家测绘局组建为国土资源部（保留国家海洋局和国家测绘局，作为国土资源部的部管国家局），其目的便是加强对全国国土资源的统一和宏观管理，实现对矿产和土地资源的有效保护和合理开发利用。但在实践中，调整矿产资源和土地资源的法律法规却各自独立，分别使用两部法律，这就造成了矿产资源和土地资源在管理主体、审批程序、权利义务、法律责任等方面有着完全不同的规定。进一步地，这种矿业权和土地使用权不匹配的制度设计，造成了矿业权人权利行使的障碍、矿业用地的低效开发与利用、矿区生态环境的严重恶化、矿业市场交易费用的增长等问题，严重违背了矿业机构改革的美好初衷。

矿业用地法律的制定是矿业用地管理系统化、专业化、精细化的前提和基础。为解决我国矿业用地运行不畅的尴尬现实，完善现行制度比构建新的单独的矿业用地法规更为有效。为此，在正在修订的《矿产资源法》或《土地管理法》中单设"矿业用地"一章不失为一种较为理想的办法，这样既可以提高矿业用地的立法效率，又可以实现矿业用地法治化的目标。具体而言，就是在矿业用地专章中，规定矿用地的市场准入条件、矿业用地的取得方式和取得程序、矿业用地的审批流程、矿业用地的相邻关系、矿业用地的退出及复垦机制、矿业用地的损害赔偿制度等内容，以完善我国的矿业用地立法，促进矿业健康、可持续地发展。

二、建立平等的矿业用地土地产权和统一的土地市场

我国绝大多数矿山处在农村集体土地之上，按照现行法律规定，矿业权人行使矿业权需占用农村集体所有土地时，必须先将集体所有的土地征收为国有土地，然后再以国有土地出让或者划拨的形式将土地使用权转移给矿业权人。我国以土地的所有权及所有制形式来确定土地经营方式及使用权范围的做法，混淆了土地法律制度和土地管理体系的核心要义。这种城乡建设用地市场的二元分割，势必给矿业用地的管理带来沉重的枷锁，导致各种用地不规范和不合理的问题。

矿业用地城乡市场的不平等、不统一带来了各项弊端。首先，导致农民土地权利受损。政府作为土地流转过程中的管理者，其行为一定程度上影响着农民在矿业用地征用补偿法律关系中的利益获得。农民作为集体土地所有者却难以分享自己土地所带来的市场增值收益，也不能将土地经营使用权直接入市参与流转交易，这对农民来说极为不公。其次，导致土地资源极大浪费。土地是有限资源，矿业用地因为赋存矿产资源，更显得尤其稀缺和珍贵。各类用地需求应在考虑资源、人口、环境协调发展的基础上实现土地资源的动态配置。正如，土地所有者才是最关心和维护土地利益的主体，而农民在我国作为集体所有性质土地的主人，却不能行使完全的土地管理权利，集体土地所有权利的残缺，势必造成矿业用地的肆意浪费和闲置。最后，为土地管理者创造了寻租的机会。现存的二元土地管理制度可能会滋生土地征用过程中的各种腐败问题，从实践中的案例可知，土地行政管理部门作为土地性质转换的唯一审批机关，可能会采用"低征高卖"的

方式与民争利，或者个别行政官员与矿业企业勾结，以各种威胁、恐吓的方式逼迫农民将集体土地进行征用，以此获取灰色收入，严重损害了集体土地所有权人对土地的利益。

土地作为一种极其重要的生产要素，客观要求土地资源必须在城乡间公平合理地流动。建立平等的土地产权和统一的土地市场有利于土地资源进一步优化配置，是矿业用地管理体系建设的必然趋势。为此，建议对矿业用地制度进行体系化的优化和完善，无论矿业用地是国有性质的土地还是集体所有性质的土地，在矿业用地市场的税收、收益分配、中介服务机构、法律机制等方面均实行一体化建构。

三、转变矿业用地从指标管制走向规划管制

土地在我国作为一种极度稀缺的资源，长期以指标管制的方式进行配置，这在我国特定的历史时期的确对土地管理起到了促进和保护作用。然而，这一土地管理方式近年来却不断遭受质疑和诟病。特别是 2006—2020 年的土地利用总体规划存在着严重的用地指标供给与现实土地需求不匹配的问题[1]，造成了土地资源的低效利用和浪费。虽然根据《全国土地利用总体规划纲要（2006—2020 年）》，规划期内我国用地指标总额已经高达 585 万 hm^{2}[2]，但由于我国各地方政府对跨越式经济发展的盲目追求，用地指标的分配缺乏管控自觉性，违背了规划的基本原则，随着扩张式的土地开发模式弊病也逐渐显现。土地的利用方式和利用效果关系着一个地区乃至一个国家的经济水平、政治稳定和社会发展，矿业用地作为土地利用的特殊方式，其开发和利用必然受公共利益和社会发展的制约。

我国现行的征地制度、建设用地指标管制手段不能满足快速增长、

[1]　ZHOU Y, HUANG X J, CHEN Y, et al., The effect of land use planning（2006–2020）on construction land growth in China [J] .Cities，2017，68：37–47.
[2]　黄大全，朱世豪，刘涛 . 中国土地利用规划的指标分配逻辑：兼论对国土空间规划的启示 [J] .自然资源学报，2022，37（9）：2387–2402.

日益多元的用地需求，矿业经济发达的地区尤其明显。土地行政管理者利用的指标配置、行政许可等方式实质上是一种管制措施，是对土地资源配置的直接干预和调控。目前我国以实行建设用地指标配置的方式对矿业用地进行管控，极大地滞后于矿业经济的发展和用地需求。在市场经济和法治社会背景下，土地规划是平衡私人土地财产权与社会公共利益最重要的方式，也是政府管控土地利用的重要制度。土地行政管理者按照农业、工业、商业等功能的不同，制定土地利用的总体规划和转向规划，进而实现土地的合理利用，发挥土地资源的最大价值。土地管理者通过土地规划管制可以矫正矿业用地资源在市场配置中的外部性、信息不完全等问题，还可以降低矿业用地市场的交易成本，防止矿业用地征用过程中的权力寻租，是土地管理的重要趋势和必要制度设计。

从人类对自然资源利用的演化史可以看出，其所经历的从地上到地下、从单项到综合、从影响甚微到具有毁灭性的力量的过程中，我们要以历史的眼光规划当前的资源利用，为资源的可持续利用创造基本的条件和开拓的空间。[1]为此，转变我国矿业用地的管理方式应当从指标管制转向规划管制，特别是为改变我国目前土地利用整体绩效不高的现实，在矿业用地规划中应充分考虑矿产资源和土地资源的综合性、战略性、长期性、动态性和可持续性等特点。

四、衔接与协调矿业用地法律关系中的权利

绝大多数西方国家保持着土地所有权和矿产资源所有权合一的法律传统，土地所有权人的权利名副其实地是上至天空，下至地心[2]，这也意味着，土地所有权人享有土地中赋存的矿产资源。而

---

[1] 林坚，毕崇明.基于用地状态偏离度的省域土地利用总体规划实施状况差异研究[J].中国人口·资源与环境，2008，18（4）：108-113.

[2] 骆云中，许坚，谢德体.我国现行矿业用地制度存在的问题及其对策[J].资源科学，2004，26（3）：116-122.

我国土地所有权归国家或集体组织所有，矿产资源属于国家所有，于是呈现出了土地所有权"二元制"与矿产所有权"一元制"不匹配的现实，造成了在同一块土地上的逐个权利主体无法就其各自的利益导向达成一致、矿业权主体和土地使用权主体存在权利冲突的境况。彻底解决我国现行矿业用地中的权利冲突，是一项极为艰难的系统工程，这需要对《矿产资源法》和《土地管理法》进行进一步的修订和完善，并建立一套有效的协调机制。

（一）协调解决权利冲突的原则

刘作翔曾以法社会学的角度提出解决权利冲突的三项基本原则：第一是权利平等保护原则；第二是在特定情况下社会利益优先原则；第三是一般利益优于特殊利益，并兼顾特殊利益原则。[1] 这些虽然可以为协调矿业用地中的权利冲突提供理论基础，但结合矿业活动的特殊性，建议遵循以下三项更为具体的协调原则。

首先，战略利益优先原则。战略利益优先原则是指，以矿业用地所处区域的战略意义来判断，优先实现矿业权、土地物权、环境权中的某一项权利。详言之，基于矿产资源具有不可替代性，不以人的主观意志为转移，绝大部分矿产资源是不可再生资源的现实，若矿业用地正好位于关涉国计民生的重大矿业区域，则应当采取矿业权优先的原则；若矿业用地处于重要的农业产区之上，则应当优先实现不会改变土地类型的土地物权；若矿业用地的开发利用会严重影响全国或部分地区的生态利益，则必须采取环境权优先的原则。其次，利益衡量原则。虽然矿产资源对一国经济的发展而言居于战略要害地位，但一味地追求优先实现矿业权，而置土地物权和环境权于不顾，也不利于人民生活幸福指数的提高和经济的长期发展。为此，必须对矿业用地开发的合理性与正当性进行仔细的审查和判断，在价值层面上对三项

---

[1] 刘作翔.权利冲突的几个理论问题 [J].中国法学，2002（2）：56-71.

权利进行取舍，以期实现经济效率和社会正义的协调。最后，可持续发展原则。该项原则要求在解决三项权利冲突时，以资源的可持续性和良好生态环境为价值目标，这也是为促进矿产资源的高效开发利用对矿业活动进行的必要限制。

（二）协调解决权利冲突的措施

第一，有效衔接矿产资源规划与土地利用规划，这是解决矿业权与土地物权冲突的治本之策。在资源利用规划的编制阶段，应协调好矿产资源利用规划与土地利用规划之间的关系，使不同规划都能考虑到矿业生产和土地利用的现实，从而在两者之间找到一个科学有利的平衡点。

第二，将矿业权与土地物权合二为一进行处置。我国的矿产资源管理与土地资源管理目前都统一于自然资源部，因此，将两项权利合二为一的可操作性非常强。在矿业权的招标、拍卖前，政府有关部门应将所需矿业用地的土地使用权通过预先征收或收购的方式收回，然后在授予或拍卖矿业权时，连同土地使用权一同授予或拍卖。这样便大大减少了因矿业权和土地物权主体不同而造成的权力行使的冲突，也会降低发生矿业开发纠纷的概率，大大提高了矿业活动的效率。

第三，协调解决矿业权与环境权之间的冲突。宏观上看，协调解决矿业权与环境权之间的冲突的具体措施是采用前文所述的"战略意义优先原则"。在生态多样性保护区、自然保护区、历史文化保护区等区域内均应严格禁止矿业权的设立，同时充分利用矿业用地的准入制度和退出制度，维护和涵养矿业用地区域的生态环境。另外，以生态文明理念为依据，建立矿山环境恢复治理的机制，创设保障生态文明用地方式的制度。对此，笔者将在下一节中做出详细阐述。

第三节　我国矿业用地具体法律制度的完善

目前，我国关于矿业用地的法律法规主要集中在《矿产资源法》和《土地管理法》中，还没有矿业用地的专门立法，因此应结合现有立法资源和矿业用地利用的实际情况，加快完善相关的法律制度。按照前文对我国矿业用地法律制度的检视可知，矿业用地的取得、复垦和退出是矿业用地法律制度的核心内容，必须重点优化和完善这三方面的制度。

一、矿业用地取得制度的完善

从具体的探矿、采矿作业来看，矿产资源勘查、开采的前提是取得土地使用权，而土地使用权的取得是以开采期内土地资源生产力的全部或部分占用为代价的。根据我国矿业经济发展的特点，采矿用地的及时、顺利取得将直接影响矿产资源的合理开发与利用。因此，矿业用地取得制度的完善是现行矿业用地制度建设的重心和关键。

（一）丰富矿业用地取得方式

目前，我国土地管理制度不加区分地将矿业用地作为建设用地来对待，导致以此为基础设置的矿业用地取得方式和使用时间均不能满足现实矿业经济发展的需要。我国现行的矿业用地取得方式未充分考虑矿业活动的特殊性，严重背离了社会现实，导致矿业权人事实上难以取得矿业用地，并造成了矿业用地使用后的大量闲置和浪费。为了弥补矿业用地现行取得方式的种种不足，应当赋予和丰富矿业用地更多的取得方式。

第一，充分借鉴地役权制度。地役权是土地所有人或使用人为便利地使用自己的土地，而通过法律行为设定的或者依法取得的对他人所有或者使用的土地加以使用的权利。地役权是一种迥异于土地所有权的制度安排，体现了对土地利用方式的重视，也是土地所有权行使方式的创新与拓展。而且地役权经过权利主体的自由设定，不但可以解决在土地利用过程中的低效和无序问题，而且对保护个体权利的自由具有重要意义。[1]在矿业用地问题上，完全可以借鉴地役权制度丰富矿业用地的取得方式。一方面，可以将地役权主体范围拓展到矿业权人方面；另一方面，可以将地役权的客体范围扩大到土地的立体空间。详言之，我国《民法典》第三百四十五条规定，"建设用地使用权可以在土地的地表、地上或者地下分别设立"，这表明我国立法已经明确规定了地役权，并且对建设用地使用权进行了扩张。但是在矿业用地实践中经常会遇到不同地层中的矿产分属不同矿业权人，多个矿业企业对同一地块的地表及地下有不同用地需求的情形。因此，为解决我国还没有对空间地役权进行规定的现实困境，法律可以规定矿业权人可通过设定地役权的方式解决纵向的土地利用的取得或者纵横交错的土地利用的取得。这也是对矿业用地多元化取得方式的拓展。

第二，完善土地租赁制度。世界上通行的土地租赁制度无不是建立在将土地使用权从土地所有权中分离出来的基础上，以经济有偿、有固定期限地让渡土地占有权、使用权为内容的土地使用关系。在矿业发达的国家，土地租赁是一种通行的矿业用地取得方式，我国也应当借鉴和完善此项制度。虽然我国法律目前允许国有土地租赁，但对农村集体土地出租用于非农建设是禁止的。这种以土地所有性质不同区别对待的制度，已经明显不能满足我国矿业企业强烈的用地需求，也阻碍了矿业用地交易与流转的市场体系的建立。为此，随着我国集体土地流转制度改革的推进和不断深入，应当允许农村集体性质的土地可以附条件进入土地交易市场进行流转，特别是大力倡导土地以租赁的方式实现非农用途。总之，矿业活动无论是发生在国有土地之上

[1] REICHMAN U. Judicial Supervision of Servitudes [J].The Journal of Legal Studies，1978, 7（1）：139-164.

还是集体土地之上，土地权利人可以自由议定矿业用地的租赁，是土地权利人实现土地相关权利内容的重要表现。而且，我国的农村土地租赁制度是在农村土地所有者与农村土地使用者不匹配的现实情形下，最大限度地合理利用农村土地的最佳方式，也是激发农村土地活力和推动农村经济的必然选择。

第三，创设土地股权制度。参照国有建设用地使用权作价入股的学理定义，集体建设用地使用权的作价入股，是指集体土地所有权人以一定期限的集体建设用地使用权作价投入矿业企业。该矿业企业取得相应的土地使用权，原集体土地所有权人取得相应的股权。在矿业用地中实施土地股权制度，不仅实现了矿业权人与土地使用权人之间的合作，还有利于调节矿业开采与农业生产之间的平衡、缓解矿业利益和农民利益之间的矛盾，实现了矿产与土地间的资源产权合作，并推进了我国的矿业企业取得农村矿业用地最基本的途径。农村土地入股后，除土地股份合作的可能收益外，还会产生其他收益，例如，土地转用收益，这是土地和矿产的"互补型"资源合作形式，可促进农村土地收益迅速增值，使农村土地权利人获得较大的级差地租。当前，我国正朝着逐步建立城乡统一的建设用地市场，允许农民依法通过多种方式参与开发经营并保障农民合法权益的方向努力，这也为农村矿业用地实行股份合作提供了政策依据和实现可能。

第四，实行土地置换制度。土地置换制度是指矿业企业对因矿业活动而被破坏的矿业用地进行土地复垦和生态治理，将其整治成耕地或生态用地，用以交换新的同质等量的矿业用地。土地置换制度是为实现矿业废弃地恢复为耕地或生态用地而提出的资产化经营方式。如果在矿业用地法律制度中规定矿业企业若将矿业废弃地的复垦至国家相应的法定标准，便有权利取得相应数量的建设用地计划指标，那么必将激发社会主体对矿业废弃地的整治活力。在构建土地置换制度中，置换双方要特别注重遵循"等量、同质、等价、公平"的原则。当复垦和治理后的矿业用地的质量不如拟新用的矿业用地时，矿业企业可采取土地数量补偿或经济补偿的办法来协调土地的等量置换。土地置换制度与矿业用地的其他取得方式相比，具有不可比拟的优势。例如，由于土地置换制度可以按照矿业企业"复垦一块，置换一块"进行操作，方式和程序较为灵活，因此全面提高了矿业企业复垦的积极性和质量要求，有利于实现土地的占补平衡，也大大降低了矿业企业的采矿成本，解决了矿业用地长期闲置和浪费的现实问题。

（二）优化矿业用地使用权的取得程序

目前，我国矿业用地在取得程序上亟待解决的问题是土地使用权的两级审批和矿业权的四级审批不同步与脱节。在矿业用地实践中，我国的土地管理实行国务院和省级人民政府两级管理，当涉及农用地转用、征用时，相关审批权限仅被赋予给这两级管理部门；而矿产资源实行的是四级管理模式，管理主体分别是国务院、省（市）、县人民政府的地质矿产主管部门。[1]因此，土地使用权与矿业权的审批主体有可能存在不统一，而且矿业权的申请许可也并不以矿业用地使用权的取得为必要条件。矿业企业虽然能够取得矿业权，但不一定能够顺利地取得相应矿业用地的土地使用权。然而，矿产资源的自然属性决定了矿业权的行使必须借助对相应矿业用地的开发和改造。为此，优化矿业用地使用权的取得程序，是解决矿业企业无法行使矿业权这一尴尬现实的唯一有效途径。

第一，明确矿业权流转时矿业用地使用权一同移转。我国法律体系是将矿产资源和土地资源视为两种不同的不动产客体，两种资源可以设定相互独立的不动产物权。尽管很多矿业用地的取得是矿业权的需要，但在法律上两者之间通常没有从属关系，即其中一种权利转移，并不必然伴随另一种权利的移转。为满足矿业权流转过

---

[1]　钟京涛.我国矿业权用地使用权的设置与改革［J］.国土资源，2003（1）：29–31.

程中对矿业用地利用的需求，可以设计在矿业权流转时矿业用地使用权一同移转的制度体系。正如有学者所主张的一样，应当规定矿业权和矿业用地使用权同时转移，以避免矿业权人取得矿业权后，因矿业用地的取得而与土地权利人长时间地纠缠，从而影响矿产资源的及时开发。[1]

第二，严格规制矿业用地的审批、登记制度。在我国矿业活动实践中，仍有很大一部分矿企管理者简单地认为只要取得了矿业权，就理所当然地享有相应矿业用地的使用权。这种逃避矿业用地审批登记的违法行为，不仅造成了矿业用地利用中的矛盾和争议，而且严重地损害了土地管理和矿产资源管理的权威和秩序。为此，在矿业用地取得的实践活动中，应明确地将矿业用地审批、登记的法律要求告知各矿业权人，特别要对矿业用地相关法律法规进行梳理和完善，对不合时宜或无实际操作意义的法律法规进行删减。这样既有利于加强矿业用地的管理、规范矿业用地的取得程序，又有利于消减矿业用地取得、利用中的争议，明晰和保障了矿业权人、土地相关权利人的土地权益。

（三）夯实矿业用地取得制度的管理机制

矿业用地的分类管理是指矿产资源管理部门对不同矿种采取不同的矿业用地制度，或在不同土地类型上采取不同的矿业政策。矿业用地的分类管理充分考虑了矿业勘探和开采不同矿种的不同需求，从而建立起差别化、精细化和科学化的矿业用地政策。矿业用地的分类管理体现了土地集约节约的高效利用，一定程度上可视为土地用途分类管理在矿业用地范围内的专项应用。矿业用地分类管理也是在矿业领域充分合理利用土地资源，并对土地资源实施动态监管和有效控制的重要方式。我国可通过矿业用地的分类管理体系来规范不同矿种的用

---

[1] 陈龙乾，刘振田，笪建原，等.矿区土地破坏与复垦整治研究［M］.北京：中国大地出版社，2003：126.

地取得方式，如此既可以提高矿业用地取得的效率，也可以解决不同矿种的用地的实际特殊性。

矿业用地分类管理制度是发达矿业国家实行的具有独特优越性的矿业用地制度。例如，美国对矿产资源实行分类管理，明确了对不同矿种的供地制度。美国土地管理局是美国联邦政府关于公共土地上矿产资源政策的主要制定单位。美国土地管理局分别对可标定矿产[1]、可租让矿产[2]和可出售矿产[3]三种类型的矿产，采取分类管理的制度。对可标定矿产的勘探和开采，执行1872年的《通用矿业法》中规定的"自由进入和特许制度"。对可租让矿产实行的矿业活动，则受1920年的《矿产租让法》调整，这些矿产只能由开采者向国家租用，开采者不仅要缴纳矿地租金，还要缴纳权利金。对可出售矿产的矿业活动，则受1947年的《建材矿法》规范。[4]根据该法的相关规定，这些矿产由管理部门以标价出售的方式来出让采矿权，矿业企业或个人可一次性买下矿权，不用再缴纳矿地租金和权利金。巴西于1967年2月28日颁布的《矿业法典》对矿业用地的分类管理也有类似的规定。[5]特别是，巴西对金刚石、煤、金属、沥青、泥炭等矿种的每块勘探区面积有不大于2 000 hm²的限制要求，而对建筑材料、其他宝石、矿泉水的勘探面积有不大于50 hm²的限制要求。[6]

矿业开采活动归根结底只是土地的一种利用方式，土地是否应当用于或者如何用于矿业生产，各国立法都存在一定的价值衡量，并设计出相应的矿业用地取得制度。而矿业用地分类管理机制体现了土地管理的

---

[1] 可标定矿产包括除铜、铅、锌以外的金属矿产和石膏、金刚石、宝石、沸石等非金属矿产。

[2] 可租让矿产包括石油、天然气、煤炭、磷、钾、硫、沥青等。

[3] 可出售矿产包括砂石、石材黏土等建筑原料矿产。

[4] Cervero. Robert, Seskin. Samuel, an evaluation of relationships between transit and urban form [J].TCRP Research Results Digest, 1995：7.

[5] 巴西《矿业法典》第八十五条规定，如果不同的矿层由不同的矿业权人进行勘探，那么矿床的具体勘探深度应由国家矿产管理局决定。每一个勘探许可权的范围都要由国家矿产管理局决定。

[6] GOSNELL H, KLINE J D, CHROSTEK G, et al. Is Oregon's land use planning program conserving forest and farm land? A review of the evidence [J].Land Use Policy, 2011, 28（1）：185-192.

精细化和专业化，也充分考虑了矿产资源因种类属性的不同而用地方式和需求也大不相同的现实。总之，我国应尽快建立矿业用地的分类管理体系，并通过该制度体系促进矿业用地制度的顺畅运行。

二、矿业用地复垦制度的完善

矿产资源的勘查和开采在促进社会经济迅速发展的同时，也造成了生态环境的破坏与恶化。由 2019 年的全国遥感监测可知，我国采矿损毁土地 361.05 万 hm^2，约占全国陆域面积的 0.37%。其中，挖损土地（露天采场和取土场等）145.93 万 hm^2，压占土地 130.67 万 hm^2；塌陷土地（塌陷坑、地裂缝）84.45 万 hm^2，压占土地［排土场、废石场、矸石场、尾矿库（含赤泥堆）、矿山建筑等］130.67 万 hm^2；在建生产矿山采矿损毁土地 134.04 万 hm^2，废弃矿山采矿损毁土地 227.01 万 hm^2。[1]。为此，搞好矿业用地的土地复垦与生态重建是实现经济、社会、生态环境协同发展的客观需要，对经济和社会发展具有战略价值。

（一）保障矿业用地复垦资金的专项应用

进行矿业用地复垦，需要进行土地调查、编制复垦方案、实施生态治理等，每个阶段都需要大量人力、物力和财力的投入。矿业用地复垦资金的落实和到位是责任人履行矿业用地复垦义务的关键和前提。然而，目前我国矿业用地复垦存在的最大难题，就是矿业用地复垦资金的来源问题，资金是否充裕关系到土地复垦能否实施以及实施效果能否达到预期。为此，保障矿业用地复垦资金来源是最迫切需要解决的问题。

第一，设立专项矿业用地复垦基金。为保证矿业用地复垦工作

---

［1］　杨金中，许文佳，姚维岭，等.全国采矿损毁土地分布与治理状况及存在问题［J］.地学前缘，2021，28（4）：83-89.

顺利展开，应当设立专项基金，并严格执行专款专用的制度。在这一方面可以仿效英国的土地复垦制度，以新的《土地管理法》的实施为界，之前的矿业用地复垦资金采取以国家为主要渠道的筹集方式，之后的采取以企业为主多渠道并行的筹集方式。矿业企业则以开采量为标准，提取复垦基金交专门的复垦机构管理。也有学者建议，复垦基金的来源应包括生产建设征地的耕地占用税、从企业上缴的矿产资源税和矿产资源补偿费中提取一定的比例、从矿山缴纳的城市建设维护费中提取一定的比例、部分农业综合开发基金、从中小企业和个人企业征收的土地复垦保证金、无能力自行复垦企业缴纳的土地复垦费、使用该基金复垦土地所创造的经济收益等。[1] 我国应该在矿山土地复垦的相关法规中详细规定矿山环境恢复保证金缴纳的数额、方式、时间、程序等事项，以及不按法律规定缴纳所应承担的法律责任。另外，为了拓宽国家复垦专项基金的资金渠道，激励多元社会主体投资矿业土地的复垦项目或工程，还可以考虑通过发行以土地复垦为内容的彩票等形式来吸纳民间资本，建立尽可能多地募集复垦资金的渠道。

第二，完善矿山环境恢复保证金制度。矿山环境恢复保证金，是指矿业权人在取得勘探、开采矿产许可之前，必须将其所有的一定数量的资金、资产以保证金的形式存放在有关管理机关，以确保矿山环境恢复项目或工程的顺利实施及完成。矿山环境恢复保证金制度，是用于帮助中小型企业履行复垦义务的制度。我国应当借鉴矿业发达国家的做法，建立矿山环境恢复保证金制度。对于矿业权人而言，只有完成了矿业用地的复垦任务，并达到复垦验收的标准，才能取回矿山环境恢复保证金；若没有按规定进行复垦或复垦验收不合格，政府可以使用该保证金进行矿业用地的复垦。该保证金是相关管理部门针对矿山地质环境治理所制定的经济激励措施，承载着矿业权

---

[1]　李显冬.中国矿业立法研究［M］.北京：中国人民公安大学出版社，2006：391.

人的矿山地质环境治理义务的实现。该保证金并不是相关部门对矿业权人的行政性收费，而是为保障矿山环境的生态治理对矿业权人收取的押金，对该保证金的管理应当遵循"企业所有、政府监管、专款专用"的原则。

第三，鼓励并支持矿业用地复垦技术创新。虽然新的《矿业复垦条例》对矿业用地复垦的激励措施已经做了较为完善的细化和推进，但是矿业用地复垦技术才是关乎矿业用地复垦效果和水平的关键，而且目前的复垦技术以单一恢复植被为主，基本未考虑恢复生态环境的自然生态，新的《矿业复垦条例》需作出进一步的重大突破。为此，国家应该鼓励并支持矿业用地复垦技术的科学研究和技术创新，尤其要对在土地复垦工作中有突出贡献的单位、团体或个人给予物质奖励、荣誉表彰、政策支持等。我国目前整体的土地复垦水平比较低，国内还没有针对土地复垦设立专项基金，从事土地复垦专项研究的人员也偏少，技术研究力量非常薄弱，导致土地复垦的效果不是很理想，更难以实现土地复垦的产业化和市场化。因此，为加快国内土地复垦技术创新，一方面，应当设立土地复垦的专项研究机构，完善土地复垦科技管理体制，积极组织跨学科学者、专家联合攻关土地复垦工作中的重大课题，打造创新土地复垦科技的开放性平台；另一方面，兼顾土地复垦的经济效益、社会效益和生态效益，加强矿地生态复垦技术研究和应用，推动土地复垦的产业化和市场化。

（二）制定规范化的矿业用地复垦标准

我国矿业用地复垦的实施效果长期处于不佳的状态，一个极其重要的原因是没有建立起有效、严格、多元化的矿业用地复垦标准。

第一，矿业用地复垦标准的有效性。政府在制定矿业用地复垦标准时必须考虑当下社会经济的发展程度和科学技术水平。其中，社会经济的发展程度反映了土地复垦工作可承受的物质指标，而科学技术水平则是实现土地复垦工作目标的重要手段。土地复垦标准制定得过高会造成土地复垦目标虚置，而土地复垦标准制定得过低，矿区生态治理的效果又会大打折扣，两者都没有实际操作意义。为此，要充分做好土地复垦工作的调查研究，切实制定出适合国情的有效的土地复垦标准。另外，相关管理部门应当根据各矿区的实际情况，对国家公布的矿业用地复垦标准进行微调，做到复垦标准的科学性与合理性有效统一。

第二，矿业用地复垦标准的严格性。随着我国新的《土地复垦条例》的出台，我国现行的土地复垦标准已不能适应当下的土地复垦实际，其中有许多规定早已脱离或不适应现行矿业活动的新情况和新问题。长期以来，我国土地复垦的效果不太理想，究其原因主要是矿业用地复垦标准出了问题。从国外的土地复垦经验来看，土地复垦制度完善的国家都建立了严格而详细的土地复垦标准，已将生态修复、生态重建的相关要求引入土地复垦标准中。而国内对土地复垦工作的理解还停留在简单的种花、植树、栽草和复耕等层面上。为此，我国要加强细化土地复垦标准的内容，并适时成立专门的土地复垦技术标准机构，在技术层面和制度层面"双管齐下"，同时保障土地复垦的品质和水平。

第三，矿业用地复垦标准的多样性。矿业发达国家的土地复垦更侧重于生态环境的治理、重建与恢复。我国目前的土地复垦工作更注重将矿区废弃土地恢复成农业用地，特别是恢复到耕地的用途。这是由我国人多地少的特殊国情决定的，但同时也反映了我国土地复垦标准过于单一的现实。采矿作业因矿种、地质条件、开采工艺、开采方法等的不同，对矿业用地造成的损害也不同，矿业用地损害存在特殊性和多样性特征。因此，土地复垦管理部门在制定矿业用地的复垦标准时应跳出一味追求恢复为农业用地的惯性思维，对矿区土地复垦标准采取灵活化、多样化的评估方式。而且我国国土广阔，各地矿区的土地情况又各不相同，采取"一刀切"复垦标准的做法欠妥。土地复垦的管理部门应当基于各矿区的实际情况，根据复垦目标的多样化制定复垦标准。

（三）建立矿业用地复垦的监督制度

矿业用地复垦活动涉及土地复垦义务人、土地复垦的实施者、相关行政部门等社会主体，而且土地复垦活动关涉矿区废弃地的循环再利用、矿区社会经济的持续繁荣等现实问题。因此，土地复垦工作并不是单一主体绝对可以单独完成的活动，需要建立科学、有效的监督制度。

第一，设立矿业用地复垦的专门管理机构。我国新的《土地复垦条例》对土地复垦的监管机构及其职责有所设置和明确。[1]土地复垦管理体制是我国最为普遍的行政管理体制的体现，即由一个行政机构主要负责牵头管理和主要监管，其他相关部门根据各自职责进行配合。目前，虽然我国设有土地复垦的监管机构，但在土地复垦管理工作的实践中普遍存在效率不高、监管不力的现实困境。究其原因，主要是没有设立专门的土地复垦监管机构，现有的多机构分散监管机制并不能发挥监管的效力，还容易造成相互扯皮、人浮于事的现象。因此，为了提高政府的行政管理能力，增强土地复垦工作的有效性，建议成立专项管理机构，以统一实施、协调和管理全国的土地复垦工作。

第二，建立矿业用地复垦的评价制度。

设置矿业用地复垦评价制度，最主要的目的和功能是为土地复垦工作的决策者和管理者提供真实、可靠、充分、完全的信息支持。可以说，矿业用地复垦评价制度是土地管理者加强对土地复垦工作成果和复垦资金使用的监督及检查的机制，这是土地复垦制度的重要内容

---

[1]　新的《土地复垦条例》第五条规定，国务院国土资源主管部门负责全国土地复垦的监督管理工作。县级以上地方人民政府国土资源主管部门负责本行政区域土地复垦的监督管理工作。县级以上人民政府其他有关部门依照本条例的规定和各自的职责做好土地复垦有关工作。

及组成部分。[1]我国在新颁布的《土地复垦条例》第四章中专门规定了土地复垦的验收评价制度，2000 年颁布的《土地开发整理项目验收规程》中关于土地复垦验收的部分规定仍然有效。两个文件关于矿业用地复垦评价机制的结构与标准不完全统一，而且两者都未关注到生态环境恢复对土地复垦的重要性。另外，矿业用地复垦评价制度的设计对土地复垦工作的进展及复垦目标的实现均有关键性的影响。因此，建议尽快构建严格的矿业用地复垦的评价制度，这对促进矿业用地法律体系的形成有重要的推动作用。

第三，创设环境责任问责制度。矿业用地在取得、利用过程中涉及矿业企业和地方政府的经济利益，由权利与义务对等理论可知，两个主体在获得矿业用地经济价值的同时也应负有保护矿业用地生态环境的法律责任。环境问责制度是指对引起或造成生态破坏、环境污染后果的行为的主体追究法律责任的惩罚机制。

目前，我国的生态自然资源大多属于国家或集体，各级政府是生态自然资源最核心的管理者和经营者，相关法律对企业单位、事业团体、社会成员所承担的环境法律责任是有明确规定的，而对政府机关却没有规定相应的环境法律责任。为此，本节仅着重探讨以政府机关为环境责任主体的问责机制。政府机关的环境责任，是指政府机关为满足社会成员对良好生态环境的公共需求，或因违反保护生态环境的法律义务而应承担的不利法律后果。[2]政府环境责任问责制度是政府机关及其工作人员融入生态文明理念执政的重要体现，也是政府机关履行生态福利责任的切实保证，更是行政民主理念与生态保护工作的融合。

环境责任问责制度的完善，需要在问责的条件、主体、程序及责任体方面做出改革与优化。首先，明确政府对矿业用地的环

[1] 冯胤卿.我国土地复垦法律规制的若干问题研究［D］.太原：山西财经大学，2007：23.

[2] 张建伟.论政府环境责任问责机制的健全：加强社会公众问责［J］.河海大学学报（哲学社会科学版），2008，10（1）：14-17.

境责任。政府不履行环境责任以及履行环境责任不到位，已成为制约矿区环境保护事业发展的严重阻碍。为此，法律将政府机关设置为所在区域范围内的生态保护的第一责任人，是解决我国环境责任长期处于虚置与缺位状态的根本方式。其次，设计政府环境责任问责机制，特别是细化问责制度中的问责主体、问责对象、问责内容、问责程序等规定。例如，扩大承担政府环境法律责任的主体，在政府环境法律责任的承担上，解决中央政府只拥有权力而不承担责任的权责背离问题，使中央政府能够做到科学全面的环境决策，及时履行其对下级政府的环境监督职能。同时，还要确定政府环境责任的追究程序，不但要确定政府环境法律责任追究的标准，还要明确政府环境法律责任问责的主体，特别是要将政府环境法律责任的预见性责任纳入问责的范围，即在法律责任承担的范围上，将抽象行政行为纳入承担范围，并将政府发布的规章、政策以及红头文件进行环境影响评价，最终才能确保"绿色政策"的制定。最后，建立政府环境绩效考核制度。将政府工作人员任内生态保护工作的成绩作为衡量其政绩的重要指标或标准，能极大地激发其开展生态保护工作的积极性和主动性，也可作为启动环境行政问责的重要依据。

第四，实行公众参与的监督机制。有效的监督是实施土地复垦的重要保证，矿业发达国家在土地复垦工作中实行了公众参与的监督制度，如公众参与制度、巡视员制度等。以美国为例，土地复垦方案的审核、土地复垦保证金的执行、复垦工程或项目的验收等均要向社会公众公布，社会公众通过公示、公诉、听证会等形式参与土地复垦工作各个环节的监督。[1]矿业发达国家的土地管理者认为，公众参与机制是一种由外部力量向内部力量渗透的过程，社会公众通过主动、积极参与，不断地影响决策者或管理者的意志，从而使

---

[1] 李国平，刘涛，曾金菊.土地复垦制度的国际比较与启示 [J].青海社会科学，2010（4）：24-29.

每一项决定都向着有利于社会公众的方向发展。但是我国的土地复垦条例中没有关于公众参与监督的规定，加上矿区土地的复垦和生态修复工作需要大量的资金、人力和物力，每一个土地复垦项目的实施效果都关系到矿区居民的生活品质和幸福指数，因此，亟须在矿业用地复垦制度中建立公众参与监督制度，使社会公众普遍形成环境保护意识，引导社会公众从被动支持环境保护制度向自觉维护环境保护政策和法规发展。

三、矿业用地退出制度的完善

矿业用地及时退出，不仅是缓解尖锐的土地供需矛盾的重要措施，也是改善矿区生态环境的重要途径。然而，当前我国矿业用地退出实践并不乐观，存在退出数量较少、质量偏低、节奏缓慢等现象。因此，为了实现矿业经济的可持续性发展和包容性增长，完善我国矿业用地退出制度显得紧迫而必要。

（一）优化矿业用地退出路径

第一，历史遗留损毁地的退出路径。历史遗留损毁地是指由于历史原因无法确定土地复垦义务人的生产建设损毁的土地。早些年矿业权人土地复垦意识十分淡薄，加之政府对土地复垦的监管也非常放松，很多矿业权人开采完矿业用地中蕴藏的资源后便弃之不管，导致了大量复垦责任主体不明的历史遗留损毁地的形成。针对历史遗留损毁地的土地复垦问题，我国的土地复垦条例规定了特殊的复垦政策。[1]对于历史遗留矿业用地，以土地产权理论为视角进行划分，可分为土

---

[1] 《土地复垦条例》第三条规定，生产建设活动损毁的土地，按照"谁损毁，谁复垦"的原则，由生产建设单位或者个人（以下称"土地复垦义务人"）负责复垦。但是，由于历史原因无法确定土地复垦义务人的生产建设活动损毁的土地（以下称"历史遗留损毁土地"），由县级以上人民政府负责组织复垦。自然灾害损毁的土地，由县级以上人民政府负责组织复垦。第二十三条规定，对历史遗留损毁土地和自然灾害损毁土地，县级以上人民政府应当投入资金进行复垦，或者按照"谁投资，谁受益"的原则，吸引社会投资进行复垦。土地权利人明确的，可以采取扶持、优惠措施，鼓励土地权利人自行复垦。

地权利人明确的土地复垦和土地权利人不明确的土地复垦。对于前一种复垦，可采取土地权利人复垦、社会投资复垦两种方式；对于后一种复垦，可采取县级人民政府投资复垦、集体投资复垦、社会投资复垦三种方式。

第二，长期采矿用地的退出路径。长期采矿用地主要通过划拨或协议出让取得。但是采矿用地使用权的期限与采矿权的期限不一致，使得实践中矿业企业对矿业用地复垦之后，无法将其有效地退出，导致大量复垦的矿业用地闲置而无法发挥最大功效，一方面矿业企业缺少新的建设用地，另一方面大量的复垦土地又无法退出。随着我国市场经济体制改革的逐步深化，以出让方式取得矿业用地成为矿业企业的常态。因此，应当对以出让取得的矿业用地，建立科学合理的退出机制。

首先，应当灵活制定出让年限。实践中可根据采矿年限确定土地的出让年限，只要不高过最高出让年限50年即可。例如，如果矿产资源只能开发5年，那么土地就只出让5年，如果5年期满，矿产资源还没有开采完毕，则可以延长出让年限，用地企业补交延期年限的出让金即可。其次，采取措施鼓励复垦的耕地与新占耕地的置换。矿业企业按照法律规定进行土地复垦后，经土地复垦主管部门验收合格，可由地方政府进行土地回购，以实现矿业用地的顺利退出。同一矿业企业需新征收土地时，可采用土地置换的方式取得所需的矿业用地。最后，健全补偿机制，建立提前收回制度。关于矿业权提前收回，我国法律还缺乏统一规定，目前仅有一些地方性法规涉及了矿业权提前收回的操作性办法。例如，浙江省丽水市的《丽水市矿业权出让实施办法》规定，根据社会公共利益的需要，经矿业权所在地县级以上人民政府同意，报原登记发证机关批准，可以依法提前收回矿业权，但应当对矿业权受让人予以补偿。

第三，临时采矿用地的退出路径。按照原国土资源部采矿用地方式改革试点的有关政策，在经批准的试点地区，对于符合条件的采矿用地，可以不征不转。临时采矿用地的退出，主要通过矿业企业和土地权利人签订的合同加以规范。但在实践中，也应到做到以下几点，首先，建立采矿用地退出机制。矿业权人的采矿作业完成后，矿业权人负有矿区废弃地的复垦义务，经相关部门验收合格后，对复垦土地已恢复成耕地用途的，矿业权人应当交还给原农村集体经济组织或土地承包经营权人，以促进土地的循环利用。其次，按时复垦还地，采矿作业完成后，矿业企业应当根据土地复垦的要求和标准，安排好采矿用地的各项复垦工作，并根据合同约定按时将复垦的土地归还给农村集体经济组织或土地承包经营权人。归还用地面积不足的部分，及时办理土地征收和农用地转用审批手续。最后，依法履行耕地占补平衡义务。采矿所占用的耕地无法全部恢复原用途的，尤其是归还耕地面积不足的，矿业权人应当依法履行耕地占补平衡义务。

（二）建立矿业用地退出激励措施

第一，实施矿业企业申请退回机制。对于划拨取得用地，国家收回时，应当根据矿业企业之前所支付的成本适当给予一些经济补偿。而对以协议出让取得的采矿用地，虽然出让年限还没有到，矿业权人也仍然有该块土地的使用权，但是由于矿产资源已经开采完毕，采矿用地对矿业权人已经没有太大的价值，失去了最初拥有时能带来最大经济效益的可能性，在这种情况下，按照土地出让合同的精神，应当允许矿业权人申请退回剩余年限的矿业用地，允许其提前终止该土地的出让合同。当然，提前终止出让合同不是单方面行为，需要土地出让方和受让方平等协商一致，达成解除土地出让合同的意思表示，只有在合同双方都同意的情况下，才能提前终止该合同，并且根据公平原则，出让方应当退还受让方剩余年限的土地出让金。

第二，健全土地置换机制。在矿业活动领域，一方面，大量的闲置土地对矿业企业来说是一种负担，对国家土地资源来说是一种浪费；另一方面，企业在申请新的矿业用地时又面临土地供给紧张、申请矿业用地困难且用地成本较高的问题。土地置换是一种调整产业经济结构和土地利用方式的再配置手段，实质上是土地所有权或土地使用权的等价有偿交易。因此，如何通过土地置换或退出机制解决闲置土地的问题已经迫在眉睫。首先，国家土地复垦主管部门应制定土地复垦验收的标准及要求，矿业企业可以向土地复垦主管部门提起复垦验收的程序。当复垦土地经验收合格后，矿业企业若未能通过市场化交易完成矿业用地退出，地方政府应当主动对该复垦土地进行回购，以提高闲置土地资源的利用率。同时，对于已经实施了矿业用地退出的矿业企业，当其再申请建设用地时，应当优先安排建设用地指标，以激励更多的矿业企业主动实施矿业用地的退出。其次，当矿业企业需要新征收土地时，可用闲置、废弃的土地置换新的矿业用地。矿业企业通过置换的方式取得矿业用地，既可以不占用新增建设用地的指标，又可以有效地降低矿业企业的成本和负担。相比于矿业用地退出，土地置换更适合在同一个地区范围内实施。

第三，建立适当的奖励制度。构建适当的土地复垦激励机制，对土地复垦工作有突出贡献的主体进行奖励，有利于加快矿业废弃土地的生态恢复与治理工作，使矿业用地能够按照国家主管部门设计的路径及时、有效、顺利地退出，尽快实现土地用途的转变及循环再利用。我国已在《土地复垦条例》中初步设计出土地复垦激励机制。其中，土地复垦义务人在规定期限内将生产建设活动损毁的耕地、林地、牧草地等农用地复垦恢复原状，并经复垦验收合格的，土地复垦义务人有权要求相关部门按照有关规定退还其前期已经缴纳的耕地占用税。另外，若地方人民政府依靠自身力量，主动自觉地将历史遗留损毁和自然灾害损毁的建设用地复垦为耕地，并达到国家复垦标准及要求的，可以作为地方政府管辖范围内进行非农建设占用耕地时的补充耕地指标。

（三）建立矿业用地退出保障措施

第一，建立土地复垦信用制度。矿业用地复垦的效果影响着土地再利用的价值，土地具有可持续的地力，生态环境保持良好，该矿业用地退出矿业领域后才会有社会主体"接盘"。反之，矿业用地的退出毫无意义。绝大多数矿业企业重点关注的是矿产资源的开采效率和开采数量，而对土地复垦工作推三阻四，这一方面是由于企业管理者的生态环保意识不足，另一方面是由于我国有关土地复垦的法律规范中并未就矿业企业的土地复垦失信行为提出具体的管制方法和惩治措施，违法成本过低。由经济分析法学理论可知，犯罪行为是否实施在很大程度上取决于犯罪成本与犯罪的预期收益的比较，若犯罪成本远远大于犯罪的预期收益，则实施犯罪的可能性非常小，反之，则非常大。在土地复垦过程中，矿业企业必然会权衡守信行为和失信行为所产生的不同性质的影响，然后依据效用最大化原则选择对自己最为有利的战略。

矿业用地复垦的失信行为主要表现为矿业企业的土地复垦项目未能达到国家法定的验收标准，或者拒不履行法定的土地复垦义务。虽然土地复垦的资金不足是目前困扰我国矿区土地复垦大规模开展的首要因素，但矿业企业土地复垦的失信行为也极大地阻碍了矿区生态环境保护工作的顺利实施。因此，除收取保证金、多方筹集资金、加大土地复垦资金投入外，还应尽快建立矿业用地的复垦信用制度，以提高矿业企业对土地复垦的积极性和重视程度，为矿区土地复垦工作奠定制度基础，为矿业用地退出制度的建立提供重要保障。

第二，设立矿业用地退出的信息台账及市场化交易平台。矿业用地退出工作不是一个部门或一个单位独立行动就可以实施的工作。它涉及矿业企业、其他社会主体与用地管理行政部门之间的信息交流、退出程序的执行，以及其他相关土地政策、措施的协调联动。因此，在矿业用地退出工作的开展过程中，要杜绝单打独斗的情况，设立矿业用地退出的信息台账和市场化交易平台，保证各项工作信息的衔接与协调，并在矿业用地退出程序中有效地实施。另外，针对矿业用地退出过程中可能发生的问题和情况，要建立快捷、迅速的动态反馈机制，尤其是当涉及损害土地权利人利益的情形时，要在第一时间收集矿业用地退出机制的有关信息和资料，尽可能地修正工作中可能出现的一切偏差，最终构建公开、通畅的土地市场化流转和交易的平台。

第三，执行矿业用地退出的监督措施。在监督方式上，采用"刚柔并济"的方式，即采取行政监督和公众监督两种方式。一方面，采取行政监督。在矿业用地退出过程中，相关的地方政府及国土资源部门能否科学地引导和监督，关系到历史遗留矿业用地、新增矿业用地先复垦后退出的实施效果。具体操作程序可由相关的国土资源部门牵头负责，关联部门抽调人员共同组建专项工作小组，专门负责矿业用地退出的管理工作。另一方面，采取公众监督。民主审议和公众参与是矿业用地退出监督管理的两大利器。允许社会公众参与矿业用地退出过程中的各环节及程序，特别是在土地复垦验收合格后，应当将初步验收的结果进行公示，以接受社会公众的监督。社会公众及相关权利人若对土地复垦完成情况有异议，则有权利提请相关部门再次进行复垦验收的活动。

第六章　结论与展望

国土资源是发展之本，节约集约是可持续发展之基。当前，我们冒着极大的风险竭力把大自然改造得适合人类的生存和发展，但结果却未达到改造的初衷。虽然既有的矿业用地法律制度为保障我国矿业经济的快速发展做出了重要贡献，但是随之而来的生态环境破坏、人地关系紧张、管理机制不畅等矿业用地问题也同样考验着土地管理者和矿产管理者的智慧和耐心。

第一节　主要结论

矿业用地法律制度的构建是一项复杂的系统工程，还有很多问题需要进一步研究和解决。笔者对矿业用地问题产生的原因和背景进行了分析和探讨，在重点分析矿业用地的取得制度、复垦制度和退出制度的基础上，提出了如何尽快地高效率解决矿业用地问题，改善土地资源管理和矿产资源管理的协同机制与对策。概括本书的研究成果，可以得出以下基本结论。

第一，矿业用地的概念和性质问题。矿业活动相较于其他行业活动，具有复杂性和特殊性，对矿业用地进行法律规制极其必要。然而，我国目前的矿业用地管理最突出的问题是矿业用地的混乱与无序，而且在矿业立法上仍然没有明确的法律定义。笔者基于学界前辈对矿业用地的理论研究，对矿业用地进行界定，即矿业权主体因勘探、开采、加工矿产资源而占有、使用、收益和有限处分的涉及矿业区域范围内的土地。矿业用地的范围是随着矿业活动的变化而变化的，大致可分为勘探用地、采矿用地、工业广场用地、矿区居民生活用地四大类。矿业用地作为建设用地的类型之一，具有特定性、复杂性和阶段性特征，将矿业用地作为专项课题进行研究，对破解我国当前的资源环境困境有其现实意义。

第二，我国矿业用地法律制度的现实困境。虽然我国在矿业发展和土地管理方面取得了斐然的成绩，但对具有交叉性质的矿业用地类型，在制度建设方面还稍显不足。其中最为突出的是以下三个方面的问题。首先，矿业用地立法价值取向失衡。现行的矿业用地制度是矿业生产中利益共同体相互妥协和博弈的产物，不同主体的利益诉求导致土地管理中价值取向的冲突，具体表现为我国土地管理者长期奉行土地使用权的社会保障功能，限制了矿业用地的流转，导致了矿业用地的供需不足。其次，矿业用地法律关系中的权利冲突。矿产资源的开发必然涉及对土地的利用和矿区生态环境的改变，权利主体对各项权利的行使最终必然引起矿区范围内矿业权、土地物权、环境权三者之间的权利冲突，影响三者的衔接。最后，矿业用地法律规范体系残缺。我国矿业用地领域，不仅缺乏国家层面的专项立法，配套制度的立法也不够全面，而且现有的矿业立法规定也比较滞后。总之，矿业用地法律制度的现实问题，极大地影响了矿业领域的用地规范和用地秩序，也严重地影响了矿业经济的长期发展，需要进一步深化改革与创新，激发出矿业用地法律制度应有的红利。

第三，矿业用地具体法律制度的现实情形。我国关于矿业用地制度的立法主要集中在《矿产资源法》《土地管理法》《民法典》等法律规范中，本书主要梳理和研究了我国矿业用地的取得制度、复垦制度、退出制度，并对这三项具体的矿业用地制度进行了深度解析。在矿业用地的取得制度方面，矿业相关立法明确了矿业用地属于建设用地的范畴，也规定了探矿临时用地制度，确立了矿业用地的有偿取得制度，并规定了重要矿床不得压覆的制度。其中，采矿用地的取得方式和程序是该制度的重要内容，我国相关立法规定了国有建设用地的划拨、出让、租赁、出资入股和授权经营五种取得方式。为解决矿业临时用地的问题，还对部分地区进行矿业用地的试点改革。在矿业用地的复垦制度方面，矿业用地的复垦问题集中体现在废旧矿区土地的复垦、整治以及对矿业用地塌陷区的管控方面。国家非常重视土地复垦工作，2011年《土地复垦条例》重新修订之时，已经将土地复垦工作和生态重建目标高度融合起来，这是对土地复垦内涵质的提升和飞跃。在矿业用地的退出制度方面，国家相关法律法规对以划拨和出让方式取得的长期采矿用地均有退出机制的规定，但对矿业用地的退出路径仍需进一步优化，并建立矿业用地退出的激励和保障措施。矿业用地的退出涉及矿业用地资源、资产、资本化问题，土地管理不仅是资源管理，更应该是资产和资本化基础上的三位一体管理。

第二节　研究展望

在矿产资源管理制度和土地资源管理制度中，二者均不可回避的一个问题是矿业用地的管理机制的创新。我国矿业用地法律制度的创新既是一次机遇，也是一次挑战，既要重视对矿产资源管理制度的完善和优化，也要考虑对土地管理制度的协调与融合，特别是在生态文明建设背景下，如何实现矿业用地管理与经济、社会、环境协调发展的目标愿景。他山之石，可以攻玉。矿业用地是各国矿业生产规范的重要内容，矿业发达国家结合自身的法律传统和管理实践，建立起了各具特色的矿业用地管理制度。笔者在考察国外具有代表性和先进性实务成果的基础上，对我国矿业用地管理实践的制度剖析与改革策略进行了思考，以期为我国的矿业用地具体法律制度的改革与创新提供重要的参考和借鉴。

首先，关于我国矿业用地法律制度改革目标方面。党的二十大报告对自然资源工作作出了一系列重大部署，特别是对自然资源工作提出了"推进生态优先、节约集约、绿色低碳发展""实施全面节约战略，推进各类资源节约集约利用"等新要求。对矿业用地制度来说，不改革，是最大的风险，改革，则风险可控，可以实现巨大的政策红利。从我国目前的矿业用地的现实问题来看，矿业用地法律制度改革的基本目标应当设定在有效降低矿业用地取得的成本，兼顾矿业用地各方利益的分配和引导矿业用地的合理开发利用三方面。

其次，关于我国矿业用地法律制度改革的实现路径方面。党的二十大报告提出，"尊重自然、顺应自然、保护自然"，这也是全面建设社会主义现代化国家的内在要求。人类历史已经无数次证明，先进的土地制度的设计可以激发人们创造财富的积极性，也有利于土地资源的高效利用。随着我国矿业用地理论研究和实践的深入，矿业用地法律制度改革的路线图也日益清晰起来。为此，加快矿业用地管理的专章立法步伐，建立矿业用地平等的土地产权和土地市场，以及转变矿业用地从指标管制走向规划管制，是矿业用地法律制度改革的现实路径。

最后，关于我国矿业用地具体法律制度的完善与创新方面。在矿业用地取得制度上，一方面，要丰富矿业用地使用权的取得方式，另一方面，要优化矿业用地使用权的取得程序，这是完善现行矿业用地制度建设的重心和关键。在矿业用地复垦制度上，对复垦资金、复垦标准以及复垦监督的创新建设是客观需要，特别是引入国外的矿区生态环境治理制度，将土地复垦与矿区的生态治理高度地融合统一起来，这也是矿业土地复垦在生态文明建设背景下的新方向和新要求。在矿业用地退出制度上，对矿业用地退出的路径设计、激励措施和保障措施有必要进行解构与重塑。另外，由于矿业活动对土地具有不可避免的损害性的特殊性，为了彰显公平与正义，在矿业用地管理制度中引入国外的矿业用地损害赔偿制度也是势在必行的。

主要参考文献

（一）著作类

［1］孙笑侠.法律对行政的控制：现代行政法的法理解释［M］.济南：山东人民出版社，1999.

［2］E.博登海默.法理学：法律哲学与法律方法［M］.邓正来，译.北京：中国政法大学出版社，2004.

［3］房绍坤.矿业权法律制度研究［M］.北京：中国法制出版社，2013.

［4］肖国兴，肖乾刚.自然资源法［M］.北京：法律出版社，1999.

［5］国家计划委员会农业区划局，农牧渔业部土地管理局.土地利用现状调查手册［M］.北京：农业出版社，1985.

［6］姜振寰.交叉科学学科辞典［M］.北京：人民出版社，1990.

［7］《采矿手册》编辑委员会.采矿手册：第1卷［M］.北京：冶金工业出版社，1988.

［8］国务院第二次全国土地调查领导小组办公室.第二次全国土地调查培训教材［M］.北京：中国农业出版社，2007.

［9］中共中央马克思恩格斯列宁斯大林著作编译局.列宁选集：第2卷［M］.3版.北京：人民出版社，1995.

［10］崔建远.准物权研究［M］.北京：法律出版社，2003.

［11］万光侠.效率与公平：法律价值的人学分析［M］.北京：人民出版社，2000.

［12］R.P.格默尔.工业废弃地上的植物定居［M］.倪彭年，李玲英，译.北京：科学出版社，1987.

［13］杨维兴，关凤峻，等.矿业权与土地使用权制度比较研究［M］.北京：科学普及出版社，2006.

［14］NORTH D C. Institutions, Institutional Change And Economic Performance［M］. Cambridge：Cambridge University Press，1990.

［15］傅英.中国矿业法制史［M］.北京：中国大地出版社，2001.

［16］王菱菱．宋代矿冶业研究［M］.保定：河北大学出版社，2005.

［17］汪敬虞．中国近代经济史 1895—1927：上册［M］.北京：经济管理出版社，
2007.

［18］李侃，李时岳，李德征，等．中国近代史：1840—1919［M］.北京：中
华书局，1994.

［19］汪敬虞．中国近代工业史资料 1895—1914 第 2 辑：上册［M］.北京：科
学出版社，1957.

［20］朱英，石柏林．近代中国经济政策演变史稿［M］.武汉：湖北人民出版社，
1998.

［21］韦浩．民国时期商事登记法律制度研究［M］.北京：中国工商出版社，
2006.

［22］谭熙鸿．十年来之中国经济［M］.北京：中华书局，1948.

［23］中国土地矿产法律事务中心，国土资源部土地争议调处事务中心．矿业用
地管理制度改革与创新［M］.北京：中国法制出版社，2013.

［24］陈龙乾，刘振田，笪建原，等．矿区土地破坏与复垦整治研究［M］.北京：
中国大地出版社，2004.

［25］胡振琪，卞正富，成枢，等．土地复垦与生态重建［M］.徐州：中国矿业
大学出版社，2008.

［26］刘抚英．中国矿业城市工业废弃地协同再生对策研究［M］.南京：东南大
学出版社，2009.

［27］卢新海，黄善林．土地管理概论［M］.上海：复旦大学出版社，2014.

［28］罗·庞德．通过法律的社会控制：法律的任务［M］.沈宗灵，董世忠，译.北
京：商务印书馆，1984.

［29］梁慧星，陈华彬．物权法［M］.北京：法律出版社，1997.

［30］江平．中国物权法教程［M］.北京：知识产权出版社，2007.

［31］马克思恩格斯全集：第 7 卷［M］.北京：人民出版社，1959.

［32］田凤山．国土资源行政管理［M］.北京：地质出版社，2000.

［33］寇志新．民法学：下册［M］.西安：陕西人民出版社，1991.

［34］张俊浩．民法学原理［M］.修订第 3 版.北京：中国政法大学出版社，
2000.

［35］江平，王家福．民商法学大辞书［M］.南京：南京大学出版社，1998.

［36］何斌，陆永潮．矿政管理概论［M］.北京：地质出版社，1998.

［37］崔建远．物权法［M］.2 版.北京：中国人民大学出版社，2011.

［38］王利明．物权法研究（修订版）：下卷［M］.北京：中国人民大学出版社，
2007.

［39］高富平．物权法专论［M］.北京：北京大学出版社，2007.

［40］李晓峰．中国矿业法律制度与操作实务［M］.北京：法律出版社，2007.

［41］王卫国．中国土地权利研究［M］．北京：中国政法大学出版社，1997．

［42］蔡守秋．环境政策法律问题研究［M］．武汉：武汉大学出版社，1999．

［43］李显冬．中国矿业立法研究［M］．北京：中国人民公安大学出版社，2006．

［44］张文显．法理学［M］.5 版．北京：高等教育出版社，2018．

［45］王利明．民法总则研究［M］.2 版．北京：中国人民大学出版社，2012．

［46］孙道进．环境伦理学的哲学困境：一个反拨［M］．北京：中国社会科学出版社，2007．

［47］张明楷．刑法学［M］.5 版．北京：法律出版社，2016．

［48］蔡守秋．环境政策学［M］．北京：科学出版社，2009．

［49］陈慈阳．环境法总论［M］．北京：中国政法大学出版社，2003．

［50］俞可平．治理与善治［M］．北京：社会科学文献出版社，2000．

［51］国土资源部地质勘查司．各国矿业法选编（上、下册）［M］．北京：中国大地出版社，2005．

［52］马丁·洛克林．公法与政治理论［M］．郑戈，译．北京：商务印书馆，2021．

（二）论文类

［1］孙英辉，肖攀．完善矿业用地使用权的法律设置［J］．理论月刊，2011（6）：170–172．

［2］王素萍．完善我国矿业用地管理的几点思考［J］．发展研究，2014（2）：61–63．

［3］蒋瑞雪．矿业权交易中矿地使用权的流转限制［J］．山西煤炭，2010，30（7）：30–33．

［4］周伟，白中科，曹银贵．我国矿业用地现状及其节约集约利用途径［J］．资源与产业，2012，14（4）：41–46．

［5］赵淑芹，刘树明，唐守普．我国当前矿业用地制度绩效及其完善研究［J］．国土资源情报，2010（12）：27–31．

［6］宋雅建．土地法律制度的经济学分析［J］．南京农业大学学报（社会科学版），2002，2（4）：23–30．

［7］蔡守秋．从环境权到国家环境保护义务和环境公益诉讼［J］．现代法学，2013，35（6）：3–21．

［8］韩慧．法律制度的效率价值追求［J］．山东师范大学学报（人文社会科学版），2000，45（1）：11–14．

［9］朱华政．论市场经济的效率价值［J］．现代法学，2005，27（4）：129–135．

［10］付梅臣，张建军，张兰兰．矿业用地集约节约利用与调控：以矿业城市武安市为例［J］．中国矿业，2007，16（11）：16–19．

［11］郑学忠，郭春颖，张昭．矿业用地管理与改革探析［J］．中国矿业，2013，22（11）：46-49，71.

［12］乔繁盛，栗欣．矿用土地改革势在必行［J］．中国矿业，2010，19（8）：9-11.

［13］束文圣，张志权，蓝崇钰．中国矿业废弃地的复垦对策研究（I）［J］．生态科学，2000，19（2）：24-29.

［14］付浩，崔玉朝，奚新丽．GIS在矿区复垦土地相关模型中的耦合应用［J］．矿业工程，2009，7（2）：57-59.

［15］黄强叶．旅游环境成本的经济学诠释［J］．生态经济，2011，27（4）：130-133.

［16］何立胜．我国城乡二元土地产权特性与农民土地权益的制度保障［J］．贵州社会科学，2011（10）：45-51.

［17］张会恒．论产业生命周期理论［J］．财贸研究，2004，15（6）：7-11.

［18］GORT M，KLEPPER S. Time Paths in the Diffusion of Product Innovations［J］．The Economic Journal，1982，92（367）：630-653.

［19］曹明德．矿产资源生态补偿法律制度之探究［J］．法商研究，2007，24（2）：17-24.

［20］W H LI，F LI，S D LI，et al. The Status and Prospect of Forest Ecological Benefit Compensation［J］．Journal of Natural Resources，2006，21（5）：677-688.

［21］黄锡生，任洪涛．生态利益公平分享的法律制度探析［J］．内蒙古社会科学（汉文版），2013，34（4）：75-79.

［22］黄锡生．矿产资源生态补偿制度探究［J］．现代法学，2006，28（6）：122-127.

［23］骆云，李文渊．论晚清矿产资源法律制度变革［J］．北方论丛，2012（6）：150-154.

［24］蒋朝常．晚清时期中国近代矿业法规述评（1840—1911）［J］．中国矿业大学学报（社会科学版），2009，11（2）：104-109.

［25］才惠莲，严良．我国矿地复垦立法的完善［J］．湖北社会科学，2009（3）：152-155.

［27］袭燕燕．关于我国矿业用地取得制度构建的思考［J］．中国国土资源经济，2004，17（12）：25-28，41.

［28］王素萍．完善我国矿业用地管理的几点思考［J］．发展研究，2014（2）：61-63.

［29］王远，康雁丽，陈英义．废弃矿山土地复垦监管现状与对策［J］．环境保护，2010，38（13）：61-63.

［30］何燕宁，李明珠，张成福．内蒙古矿区生态环境破坏与重建现状调查

[J].内蒙古环境保护，1998（2）：42，24.

[31]颜世强，姚华军，胡小平.我国矿业破坏土地复垦问题及对策［J］.中国矿业，2008，17（3）：35-37.

[32]陆爱勇.论《老子》"自然"的生态伦理内蕴［J］.河南师范大学学报（哲学社会科学版），2012，39（1）：69-72.

[33]赵淑芹，许坚，钟京涛.中国矿业用地现状分析［J］.农业工程学报，2005，21（S1）：150-153.

[34]潘祥武，张德贤，王琪.生态管理：传统项目管理应对挑战的新选择［J］.管理现代化，2002（5）：39-43.

[35]姚海娟.政府生态责任的缺失与重构［J］.求索，2011（6）：97-98，84.

[36]翟春霞，王浦，周进生.和谐社会下我国矿业企业的社会责任研究［J］.中国矿业，2012，21（11）：18-22.

[37]王浦，周进生.低碳经济视角下中国矿业企业的社会责任研究［J］.中国人口·资源与环境，2012，22（S2）：46-49.

[38]杨渝红，欧名豪.区域土地循环利用评价研究：以江苏省为例［J］.南京农业大学学报（社会科学版），2009，9（1）：87-94.

[39]郑美珍.灵活供地 明确退出：解决采矿用地"两头难"问题［J］.国土资源情报，2011（8）：20-22，48.

[40]吴占英，伊士国.我国立法的价值取向初探［J］.甘肃政法学院学报，2009（3）：10-15.

[41]李晓茜.社会保障功能下的土地承包经营权性质探析[J].学术界，2009（3）：164-168.

[42]李显冬.确立矿业物权理念构建和谐的矿产资源开发管理秩序［J］.国家行政学院学报，2006（3）：59-62.

[43]陈晓军.我国土地二元所有制的失衡与立法矫正［J］.北方法学，2010，4（6）：48-53.

[44]万俊.构建矿业权与土地物权的冲突解决机制［J］.云南地理环境研究，2005，17（6）：87-90.

[45]徐祥民.环境权论：人权发展历史分期的视角［J］.中国社会科学，2004（4）：125-138.

[46]邹雄.环境权新论［J］.东南学术，2005（3）：134-143.

[47]朱谦.论环境权的法律属性［J］.中国法学，2001（3）：64-70.

[48]吴国贵.环境权的概念、属性：张力维度的探讨［J］.法律科学（西北政法学院学报），2003，21（4）：67-72.

[49]白平则.论环境权是一种社会权［J］.法学杂志，2008，29（6）：63-65.

[50]肖巍.作为人权的环境权与可持续发展［J］.哲学研究，2005（11）：8-13.

[51]谷德近.论环境权的属性［J］.南京社会科学，2003（3）：66-73.

[52] 邓敏贞.经济发展权与环境权的冲突与协调 [J].陕西行政学院学报，2008，22（3）：97-99.

[53] 谢晖.法律规范之为法学体系的核心 [J].学习与探索，2003（6）：35-37.

[54] 谢忠岩.吉林省建立矿山生态环境恢复保证金制度的探索 [J].环境保护，2006，34（19）：34-37.

[55] 吴鹏.浅析生态修复的法律定义 [J].环境与可持续发展，2011，36（3）：63-66.

[56] 胡卫.民法中恢复原状的生态化表达与调适 [J].政法论丛，2017（3）：51-59.

[57] 康京涛.生态修复责任的法律性质及实现机制 [J].北京理工大学学报（社会科学版），2019，21（5）：134-141.

[58] 胡静.污染场地修复的行为责任和状态责任 [J].北京理工大学学报（社会科学版），2015，17（6）：129-137.

[59] 吕忠梅，窦海阳.修复生态环境责任的实证解析 [J].法学研究，2017，39（3）：125-142.

[60] 吕忠梅."生态环境损害赔偿"的法律辨析 [J].法学论坛，2017，32（3）：5-13.

[61] 蔡守秋，张毅.绿色原则之文义解释与体系解读 [J].甘肃政法学院学报，2018（5）：1-8.

[62] 贺剑.绿色原则与法经济学 [J].中国法学，2019（2）：110-127.

[63] 吕忠梅课题组，吕忠梅，竺效，等."绿色原则"在民法典中的贯彻论纲 [J].中国法学，2018（1）：5-27.

[64] 李永华.论生态正义的理论维度 [J].中央财经大学学报，2012（8）：73-77.

[65] 梁珠琳，任洪涛.浅析生态修复法律责任 [J].福建法学，2018（3）：38-48.

[66] GUNNESS R. Social Responsibility：The Art of the Possible [J].Business and Society Review，1986：25.

[67] RUTHERFORD S，Social Responsibility：A Term We Can Do With-out [J].Business and Society Review，1988：31.

[68] 秦颖，高厚礼.西方企业社会责任理论的产生与发展 [J].江汉论坛，2001（7）：38-40.

[69] 邓小芳.中国典型矿区生态修复研究综述 [J].林业经济，2015（7）：14-19.

[70] 陈珊，利子平.生态环境法益探微 [J].求索，2015（5）：82-85.

[71] 周修友.关于加强生态环境鉴定评估机制建设的探索与思考：以重庆市为

视角［J］.中国司法鉴定，2019（4）：81-87.

［72］董文龙，白涛，杨旭，等.矿区生态修复研究［J］.环境科学与管理，2016，41（1）：146-148.

［73］刘超.生态空间管制的环境法律表达［J］.法学杂志，2014，35（5）：22-32.

［74］李树，陈刚，陈屹立.环境立法、执法对环保产业发展的影响：基于中国经验数据的实证分析［J］.上海经济研究，2011，23（8）：71-82.

［75］刘明明.论环境法研究范式的逻辑嬗变［J］.郑州大学学报（哲学社会科学版），2012，45（6）：65-68.

［76］耿步健，姚冬玮.在江苏生态文明建设中彰显"两个率先"［J］.江苏社会科学，2016（1）：249-254.

［77］刘明明.从"保护"到"回馈"：论环境法义务观的逻辑嬗变［J］.中国人口·资源与环境，2009，19（3）：46-49.

［78］任洪涛.生态利益有效供给的法律治理之道［J］.广西社会科学，2015（5）：98-103.

［79］唐芳.恢复性司法的困境及其超越［J］.法律科学（西北政法学院学报），2006，24（4）：55-63.

［80］刘鹏.论生态修复的环境法属性［J］.政法学刊，2016，33（2）：114-119.

［81］任洪涛.论我国环境治理的公共性及其制度实现［J］.理论与改革，2016（2）：94-97.

［82］翁孙哲.环境损害责任社会化的多维视角［J］.行政与法，2016（8）：45-52.

［83］任洪涛，严永灵.论我国生态修复性司法模式的实践与完善［J］.西南政法大学学报，2017，19（4）：86-94.

［84］柯坚.论污染者负担原则的嬗变［J］.法学评论，2010，28（6）：82-89.

［85］陈海嵩.国家环境保护义务的溯源与展开［J］.法学研究，2014，36（3）：62-81.

［86］魏旭.生态修复制度基本范畴初探［J］.甘肃政法学院学报，2016（1）：1-10.

［87］李挚萍.环境修复法律制度探析［J］.法学评论，2013，31（2）：103-109.

［88］赵德胜.反思与转进：转型期社会志愿组织可持续发展机制的构建［J］.理论月刊，2014（1）：154-156.

［89］吴敏，吴晓勤.融合共生理念下的生态激励机制研究［J］.城市规划，2013，37（8）：60-65.

［90］任洪涛.论我国矿业用地法律制度中的权利冲突与协调［J］.中国国土资

源经济，2019，32（2）：25-30，46.

［91］任洪涛．生态修复法律责任主体社会化研究［J］．贵州大学学报（社会科学版），2018，36（2）：100-108.

［92］徐媛媛，李超峰．法治视野下绿色矿山构建分析［J］．中国矿业，2013，22（10）：56-60.

［93］刘鹏．论生态修复的环境法属性［J］．政法学刊，2016，33（2）：114-119.

［94］陈兴良．刑罚目的新论［J］．华东政法学院学报，2001，4（3）：3-9.

［95］张友好．功能·主体·程序：附条件不起诉制度省察［J］．政法论坛，2013，31（6）：92-106.

［96］邓可祝．威慑下的合作：公司环境犯罪附条件不起诉制度［J］．南京工业大学学报（社会科学版），2018，17（3）：51-59，67.

［97］艾东，朱道林，赫晓霞．土地整理与生态环境建设关系初探［J］．生态环境，2007，16（1）：257-263.

［98］郭洁．土地整理过程中宏观调控法律问题研究［J］．中国法学，2003（6）：88-95.

［99］张斌．论现代立法中的利益平衡机制［J］．清华大学学报（哲学社会科学版），2005，20（2）：68-74，86.

［100］郑振源．土地利用总体规划的改革［J］．中国土地科学，2004，18（4）：13-18.

［101］林坚，毕崇明．基于用地状态偏离度的省域土地利用总体规划实施状况差异研究［J］．中国人口·资源与环境，2008，18（4）：108-113.

［102］骆云中，许坚，谢德体．我国现行矿业用地制度存在的问题及其对策［J］．资源科学，2004，26（3）：116-122.

［103］刘作翔．权利冲突的几个理论问题［J］．中国法学，2002（2）：56-71.

［104］钟京涛．我国矿业权用地使用权的设置与改革［J］．国土资源，2003（1）：29-31.

［105］张建伟．论政府环境责任问责机制的健全：加强社会公众问责［J］．河海大学学报（哲学社会科学版），2008，10（1）：14-17.

［106］李国平，刘涛，曾金菊．土地复垦制度的国际比较与启示［J］．青海社会科学，2010（4）：24-29.

［107］张蜀榆．矿业用地退出机制研究［D］．北京：中国地质大学，2012.

［108］吴强．矿产资源开发环境代价及实证研究［D］．北京：中国地质大学，2009.

［109］梁若皓．矿产资源开发与生态环境协调机制研究［D］．北京：中国地质大学，2009.